# MANUAL DO MIMIMI

ILUSTRAÇÕES ZÉ OTAVIO

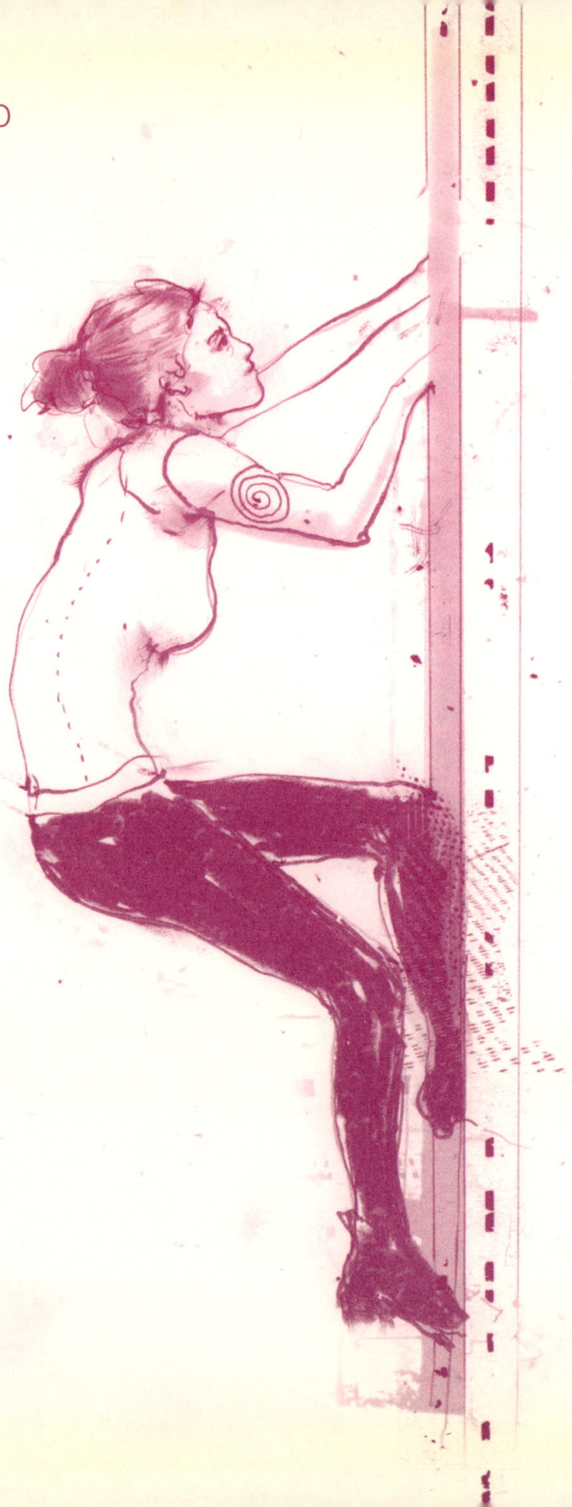

paralela

LIA BOCK

# MANUAL DO MIMIMI

DO CASINHO AO
CASAMENTO
(OU VICE-VERSA)

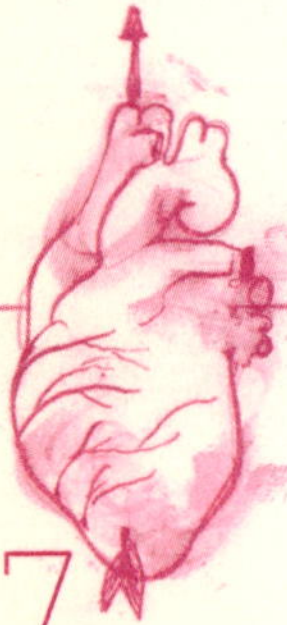

1
DORMINDO FORA DE CASA 7

6
DIZENDO ALGUMAS VERDADES... 57

7
NÃO FOMOS FELIZES PARA SEMPRE 72

8
VOLTE PARA O COMEÇO DO TABULEIRO! 85

9
SOLTA, SOLTEIRA, SOLTINHA 96

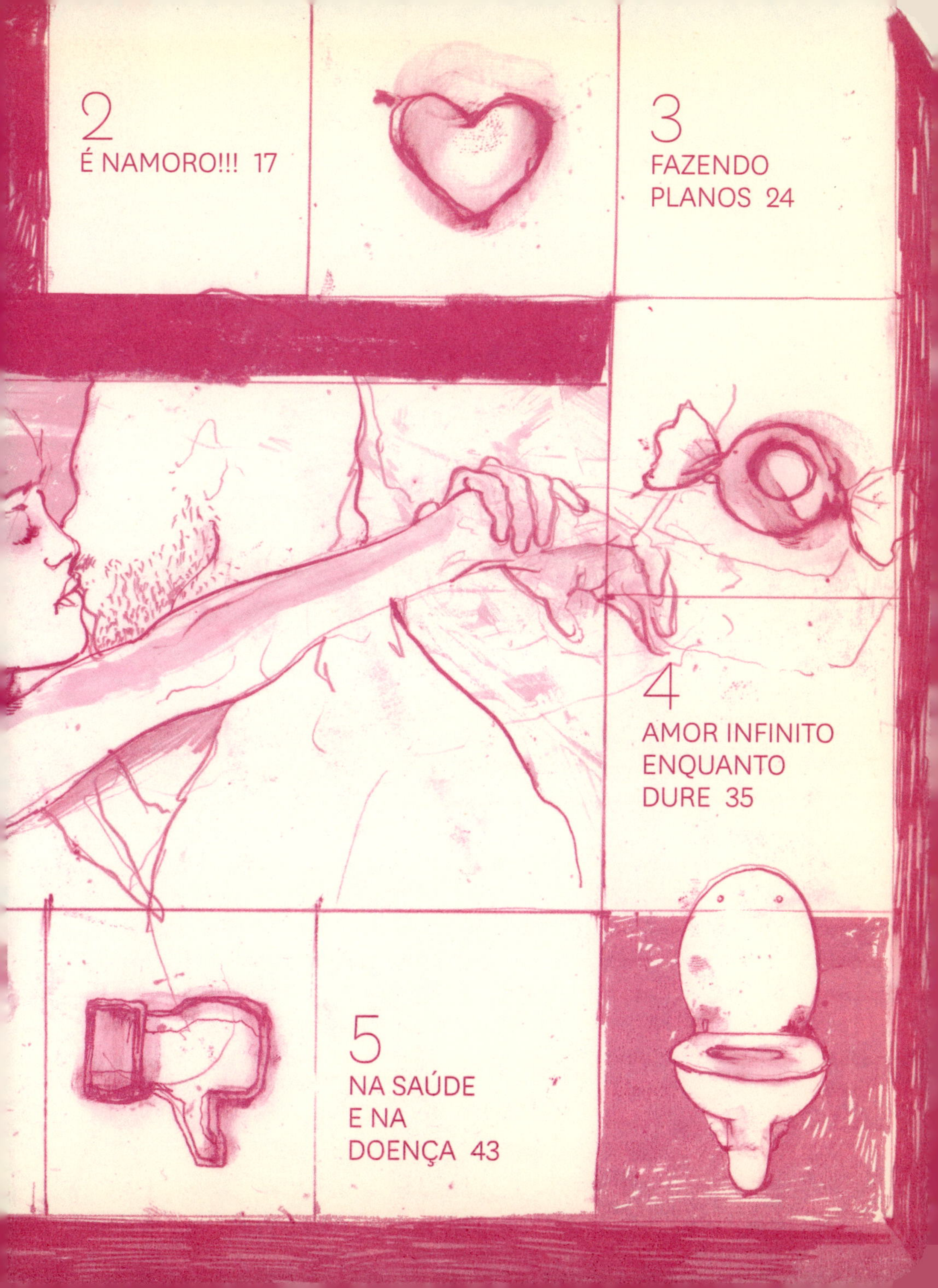


2 É NAMORO!!! 17

3 FAZENDO PLANOS 24

4 AMOR INFINITO ENQUANTO DURE 35

5 NA SAÚDE E NA DOENÇA 43

Sempre chega aquele momento
em que a coisa que você mais quer
na vida é NAMORADO

# DORMINDO FORA DE CASA

1

## STATUS: SOLTEIRA, MAS NEM TANTO

# MULHERES LOUCAS, CAPÍTULO 299

Sempre chega aquele momento em que a coisa que você mais quer na vida é um namorado, aquela pessoa que sabe exatamente o que e como você gosta, aquele ser que dorme com a boca na sua nuca e com quem você não precisa combinar de passar a sexta-feira coladinho, porque, claro, isso já está no pacote. Mas, como o diretor desse teatro chamado vida não colaborou com o roteiro, você está sozinha, em dívida com a depilação e... fazendo cara de "estou ótima!!" — assim, com duas exclamações. Sim, porque quem faz cara de "quero um namorado" pode arrumar de um tudo, menos um bofe pra chamar de seu.

Nesse momento você se arruma até pra comer pão na chapa na padaria, parece sempre feliz e, claro, nunca dispensa uma noitada. Ressaca? "Não, nunca fico de ressaca." Maquiagem? "Adoro maquiagem, já acordo de rímel." E dá-lhe autoestima. E dá-lhe fingir que ser solteira é incrível. E dá-lhe contar onde você trabalha, onde já morou e discorrer sobre os amigos em comum do Facebook. Ah... a balada, o lugar que você vai rezando para ser o mais legal do mundo mesmo quando sonha apenas com a sua cama e aqueles papinhos on-line que não levam a lugar nenhum. E dá-lhe fazer cara de "mulher solteira *não* procura!".

Enquanto isso, no chuveiro, a pessoa chora desolada. Bloqueia e desbloqueia os bofes num ato desesperado de autoproteção. Sorri cinza, sofre, mas segue fingindo magistralmente que está tudo bem. Ninguém no mundo finge melhor que uma mulher louca para ser pedida em casamento, para fugir dali para qualquer lugar onde sejamos apenas dois. Namorado? "Pra que namorado? A vida é boa de viver assim, sozinha, livre."

Ô, meu Deus, por que fizeram a gente assim? Alguém explica?

# MANUAL DO CASINHO

## (Porque até o limbo tem regras)

Depois que você já beijou, já sabe a densidade do colchão e do que se alimenta a geladeira do ficante, acho que podemos chamar essa relação de casinho. Aquele limbo com duas portas: uma que contém a relação séria, sogra e foto no porta-retratos, e a outra, direta e reta, que te leva, sozinha, para o início do tabuleiro. Pois bem, é nessa hora que vocês estão se curtindo e que tudo pode acontecer, que é preciso ter claro o que você engole pelo bem de um futuro casal e o que não engole (nem a pau). O momento é delicado e, mesmo que o time esteja mostrando entrosamento em campo, nem sempre as expectativas são as mesmas. Blá-blá-blá...

Mas uma coisa ninguém no mundo deveria engolir: a vergonha de posar de namoradinho. Explico: nessa fase é comum ir tomar café na padaria, pegar um cineminha ou tomar uma cerveja no boteco da esquina, certo? Mas, se a pessoa começa a pegar pânico de passar da porta da rua, a triplicar os ímãs de geladeira com telefones de entrega de comida e a propor trocar todo e qualquer convite seu por “uma coisinha aqui em casa”... comece a desconfiar. Não é porque é limbo que não tem algumas regras, certo? Ou esse seu par já tem um par, ou não tá a fim de que confundam, nem por um instante, esse casinho com um possível namoro. Ah, vá, né?!

# ABAFA O BAFO

Muito se fala no romantismo de juntar as escovas de dentes ao casar. Mas ninguém fala que, alguns capítulos antes da fofa junção de cerdas, essas mesmas escovas podem ser um estorvo e, principalmente, podem dizer muito sobre o futuro cônjuge. É o que podemos, carinhosamente, chamar de dilema do bafo. Aquele momento em que você começa a dormir na casa do ser amado e vice-versa, mas ainda não tem uma gaveta e uma escova de dentes pra chamar de sua. É aqui, antes de um efetivo começo (ou beirando o fim de algo que poderia ter sido), que a relação com a escova de dentes pode ser crucial. E sem julgar o gosto e a higiene de cada um, claro!

Nada mais tranquilizador do que achar um par que se relacione com a escova de dentes da mesma forma que você. Porque, enquanto alguns mantêm um relacionamento aberto com a escova, outros seguem a cartilha da monogamia "escovística", haja o que houver. Nojinho e promiscuidades à parte, ter uma escova esperando por você em uma casa que não é a sua pode deixar muita gente esperançosa. Mas o mesmo roçar de cerdas pode causar pânico ou até retirada imediata em alguns outros. Esses preferem o bafo ao incrível peso de possuir uma escova de dentes. Eu acho estranho. Mas como tem gente que não empresta sua escova por nada-neste-mundo, tendo a acreditar que sempre há um Listerine para cada boca... Mas o Facebook bem que poderia ajudar colocando junto com aquele bando de informações inúteis sobre nós o item:

Empresta a escova:
( ) Sim
( ) Não
( ) Só depois de casado
( ) Jamais
( ) ECA!

Sempre há aqueles tipos espertos que levam uma miniescova na bolsa pra não correr o risco de precisar pensar sobre a questão. Mas, se o prevenido tira da cartola também um limpador de língua, um minienxaguatório bucal e aquele instrumento para limpar tártaro (assim, numa terça qualquer), aí complica. Bom... lá em casa complica. Aliás, se neguinho fica com nojo de usar minha escova, perde 10 pontos na tabela geral. Se recusa uma escova nova: perde 20! Quem foi que disse que usar a escova alheia é equivalente a aceitar pedido de casamento?

# É ELE

Você acorda e pensa em como seria bom passar todos os sábados de manhã ao lado daquele gato. Seus corpos se reconhecem e se encaixam. Ele gosta do seu suspiro, dos seus seios. Você almoça e pensa em como seria bacana almoçar mais vezes regada a chamegos e vinho branco. Ele gosta do seu tempero, dos seus amigos. Ele gargalha e você pensa em como foi agraciada pela vida por ter alguém como ele por perto. Ele deixa um bilhete tosco e você pensa em, talvez, propor o repeteco hoje à noite. Ele compra os ingressos para o show e você pensa que poderia passar o resto dos seus dias com aquela pessoa. Você não responde às paqueras que pipocam no Facebook e pensa que, talvez, vocês estejam namorando, mas, diferente de outras vezes, isso não te incomoda. Afinal, é ele. Você liga, ele não atende. Você escreve, ele não responde. Você pergunta, só pra entender, e ele sugere que você saia com outras pessoas. Você desmonta. Ele desaparece.

## COMO PERDER O "HOMER" DA SUA VIDA

Não importa se você procura um namorado, um marido ou um pai para o seu filho. Só o fato de estar procurando alguma coisa já atrapalha. No mundo masculino, eles gostam mesmo é do que não podem ter. Drama, frio na barriga, investigações on-line e teretetê com as amigas é coisa de menina. Os homens, por mais cera no cabelo que passem e cremes que usem, são da família Homer Simpson. E você pode tirar o cara de Springfield, mas não tira Springfield do cara!

Dez maneiras de perder o "Homer" da sua vida:

1. Logo na primeira noite juntos, roce o pé e faça cara de "quero casar com você".
2. Depois de três dias juntos, diga que o ama. Ou melhor, declare seu amor no Facebook do sujeito.
3. Escreva um poema pra ele quando deveria dizer: "Gostoso, vem me comer".
4. Na terceira semana de rolo, compre um presente caro e entregue num embrulho suntuoso.
5. Apresente-o como namorado antes dessa palavra ter sido colocada oficialmente.
6. Ao completar dois meses de rolo, comece a reclamar que ele bebe muito.
7. Assim que vocês assumirem o namoro, comece a falar em filhos (no plural).
8. Se ofereça para levar a sacola de roupa suja à casa da mãe dele.
9. Fuce o celular do fulano na primeira oportunidade que tiver. Se não achar nada, tente o e-mail.
10. Comece a falar da festa de casamento dos seus sonhos (a qualquer momento).

Tiro e queda.

## PROCURA-SE UMA AMIGA

Deixe o seu recado após o sinal:

"Oi, sou eu! Cadê você? Me liga quando puder! Saudade de você, amiga!"

...

"Oi, perdeu o celular, foi? Me liga! Tenho novidades!"

...

"Porra, guria! Você tá me ignorando? Pra passar o domingo chorando no meu colo eu sirvo, né? Mas assim que dá uma levantada tu some? Me liga."

...

"Vaca! Você tá amando, né, bandida? Nem vê o celular tremendo enlouquecido na cabeceira da cama?! É aquele bofe da festa de gala? Mas já apaixonou? Puta merda, como tu é facinha... Aqui é sua ex-melhor amiga que vai te ignorar quando esse amor frívolo te fizer chorar. Beijo."

...

"Tua mãe me ligou... Ignorar a amiga, o.k. Mas a mãe?! Ela tá preocupada... Mas não te preocupa, eu disse pra ela que você não foi sequestrada, só tá trepando loucamente pela casa, pelos cinemas e pelas ruas da cidade com um cara que, eu acho, chama Bento. Ela chocou. Melhor tu ligar lá."

# O FIM DO MIMIMI

Quando um homem não consegue ou não pode dizer alguma coisa que gostaria muito, ele pega no seu braço. Mas não é qualquer pegada que vem com um texto bonito embutido... tem que ser na altura do bíceps, forte (mesmo), quase incômoda e com os olhos atravessando os seus. Pensando bem, acho que são os olhos que dizem, o aperto é apenas para que seus olhos subam e alcancem a íris em frente. Dali saem textos mudos e lindos dos mais variados tipos. Pode ser desde "estamos juntos nessa, amor" até "casa comigo" ou "se eu pudesse te arrastava pra minha casa agora". A pegada no braço tem boa chance de acabar em uma deliciosa noite de troca de fluidos (e, dizem, até em casamento), mas, mesmo que não chegue nesses estágios, pode curar dores musculares e autoestima baixa.

Já o "vem cá, minha nega", que te encurrala num cantinho qualquer da casa, pode curar vários tipos de moléstia, de depressão a enxaqueca, passando por azedume crônico. Mas (infelizmente) não é qualquer agarro que traz as benesses do verdadeiro "vem cá, minha nega". Para ser milagroso ele precisa ser na parede, na pia ou afins, ter um puxão de cabelo firme, enlace redondo na cintura e barba malfeita na nuca e no pescoço. Se não, pode até ser gostoso, mas não serve para fins medicinais. Um "vem cá, minha nega" por mês para cada ser do sexo feminino e poderíamos decretar o fim do mimimi. Imagina só?

Pegada forte!!

## SERES DO SEXO MASCULINO, ANOTEM:

O cara não disse nada.

1. Tá viajando
2. Perdeu o celular
3. Arrumou outra
4. Tá me amando de longe (hum...)
5. Me odeia e não pode me ver nem lambuzada de Nutella
6. Tá me preparando uma surpresa linda
7. Foi internado no hospital
8. Voltou com a ex
9. Tá ocupado com o trabalho (vai cagar!)
10. Tá em depressão pós-derrota do time
11. Não sabe como me pedir em namoro
12. Tá sem coragem de ligar
13. Esqueceu que eu existo
14. Morreu!
15. Não me merece
16. Nenhuma das anteriores
17. Todas as anteriores
18. Volte ao topo dessa lista

O silêncio de um homem pode matar uma mulher. Definitivamente!

# É NAMORO!!!

2

# STATUS: NAMORANDO (OU ACREDITANDO QUE SIM)

## OS CAFAJESTES TAMBÉM AMAM!

Cafajeste só é ruim quando não está apaixonado. Porque não há nada melhor do que um belo cafa te amando! Vem com as habilidades de um bom namorado ou marido somadas às mil e uma utilidades de um homem solteiro. Cafa que é cafa, quando está amando, dá presente, faz surpresa e leva café na cama. Tudo isso ao módico valor de sumir de vez em quando, "esquecer o celular" ou "viver sem bateria". Se vale a pena? Só você poderá dizer. E também... varia de cafa pra cafa. Algumas marcas disponíveis no mercado são mais aprimoradas que outras. No geral, os mais vintages equilibram melhor... os pratos. Agora, não tente nunca transformar um marido-cafajeste em um marido-padrão. Atitudes policialescas podem fazer com que você perca justamente a parte boa da história (as surpresas, o café na cama...). Porque a parte cafa, essa, querida, não desgruda jamais. Então, nessa hora é preciso treinar o desapego e entrar na teoria metafísica de que só existe o que a gente vê. O resto... bem, o resto não se comprova porque não vemos e pronto. Melhor mudar de assunto: "Amor, passa o sal". E repare bem: se o seu cafajeste começa a chegar cedo em casa muitas vezes por semana e ficar acessível demais, isso refletirá diretamente no combo que você adquiriu. Quanto mais cedo, menos mimo. Quanto mais acessível, menos sexo na mesa do jantar. Nesse ponto, exija seu cafajeste de volta!

## CAIU A FICHA!

Por mais que os cautelosos adiem e que os divididos empurrem com a barriga, sempre chega o dia em que você precisa comprar um presente para aquele ser que frequenta sua casa, seu coração e alguns outros órgãos de seu corpo. Um dia, com o passar dos dias, esse dia sempre vem. E, mesmo que você tenha certeza de que ainda é cedo para esse tipo de situação, acaba aparecendo um Natal no meio do caminho ou um aniversário repentino e, pronto, esse tal dia chega.

Você não frequenta shoppings, não acompanha o caminhar da moda e não tem nenhuma habilidade manual que possa ser aproveitada. Livros, discos e filmes vêm à sua cabeça. Mas já que é pra dar alguma coisa, que tenha algum impacto. Você pensa em ligar para uma amiga em comum, mas teme fazer papel de ridícula. Sua mãe te dá uma ideia, você quase morre do coração e tenta, em vão, explicar pra ela que "estar usando" é um conceito vago demais.

Você não queria estar aqui, vivendo essa dúvida mundana. E é só quando se pega reparando nas coisas dos outros para ver se uma ideia genial lhe vem à mente, ou pior, perguntando para alguém onde comprou "aquilo", que cai a ficha: você está namorando.

## VOCÊ É UMA NAMORADA CUSTOMIZADA?

É verdade que os homens se apaixonam pelas mulheres pelo que elas são. Mas pouco tempo depois eles começam um lento e gradual processo de customização. Vão dando presentes que saem de leve (às vezes nem tão de leve assim) daquilo que a moça gosta e, aos poucos, tentam transformar a mulher amada naquilo que julgam ser melhor para elas. Ou para eles. Se você nunca reparou nisso, fique atenta! Você pode ser uma namorada customizada, ou em vias de.

Ele só te dá roupa preta? Te deu uma bota com tachas? Chegou abanando o rabo de tanta alegria por causa de um CD do ACDC autografado em seu nome? Te surpreende com convites de shows barulhentos? Te deu uma camiseta que tem a Barbie decapitada? Sua meia-calça rasgou e ele enlouqueceu de tesão?

*Ou você é um clone da Pitty, ou seu namorado está tentando te transformar em uma roqueira. Oxalá você goste do som da guitarra.*

Ele começou com um ou dois sapatinhos boneca? Evoluiu para vestidos envelopes? Baba quando você usa um longo e sonha em te ver numa calça de cintura (bem) alta?

*É bem provável que ele pretenda te transformar na Maria Fernanda Cândido! Neste caso, lembre seu macho que o sonho do marido dela deve ser trocar aquele tecido todo por uma algema!*

Você amou a panela Woc. Mais aí vieram o George Foreman Grill e as facas Ginsu? Ele adora te surpreender com matéria-prima para quitutes deliciosos? Vive te mandando links do Jamie Oliver? Publica fotos dos pratos que você prepara no Facebook?

*Ou você está prestes a ganhar um sócio no seu primeiro restaurante, ou ele está te transformando numa cozinheira mesmo!*

De repente ele te deu um brinco? Depois veio um anelzinho? E na sequência outro maior? Agora você já tem uma enorme caixa de joias?

*Cuidado, se o seu marido não é sócio da H-Stern, pode estar querendo te transformar numa corna! Lembre-se da sua avó: quando a esmola é demais o santo desconfia.*

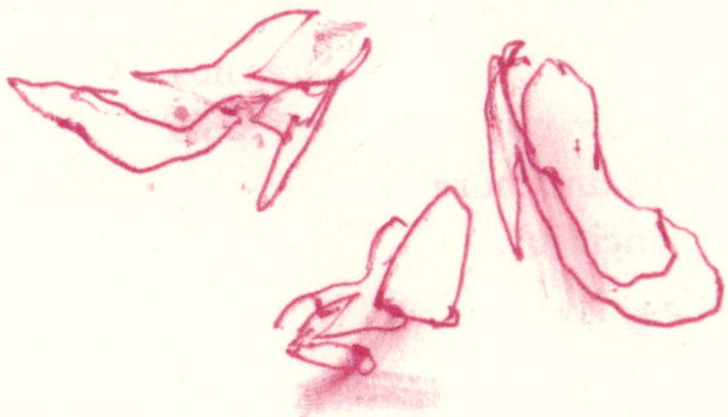

## MÁQUINA MORTÍFERA!

Quer saber a quantas anda a paciência do seu parceiro? Tire o celular do bolso na mesa de um jantar a dois, fixe os olhos na tela e tecle! Depois, analise a reação do outro com parcimônia, se ele ainda estiver lá, claro! É fato: hoje vivemos uma maldição da era digital! Alguns garantem que é a vingança das máquinas contra os humanos: tortura lenta e gradual! O aparelho toca num horário estranho. Ponto pra tecnologia, acaba com o nosso dia — ou com a semana... se for na madruga, acaba até com o mês! E-mails, Twitter, Facebook, Instagram, SMSs e WhatsApp dos infernos... tudo dentro da bolsa. Uma tentação para os mais conectados. Sofrimento e ódio para o cônjuge. E se não é o do outro, é o seu que dá gafe quando não deveria... Pior para os dois, para alegria dos inimigos eletrônicos! Quantos relacionamentos não foram fria e lentamente assassinados por um pequeno aparelho celular? Quantas noites não foram necessárias para explicar que "aquilo" não era bem "isso"? Quantas férias já não foram interrompidas por uma briga por causa do apego à causa digital? E a pergunta é sempre a mesma. Dela pra ele, dele pra ela, dela pra ela e afins: o que tanto você futuca nessa merda?? É a vingança alada das máquinas. Mas por quê??? O que nós fizemos para elas quererem acabar com nossa paz conjugal? Ciúmes, talvez... Será que os celulares nos querem só pra eles? Estamos quase lá. Mais um pouco e haverá mais gente jantando com o smartphone do que com namorados, esposas e parceiros que não venham com o modo "silencioso".

## CAFÉ É O CACETE!

Um convite do cara com quem você já está saindo pode dizer muitas coisas. Esteja preparada para a leitura global, transversal e integrada de e-mails, SMSs e afins. E, por favor, não se iluda com o cafezinho!

1. O cara te convidou pra um chopp hoje, no bar que ele frequenta com os amigos: Vai que é sua, garota! Essa via é de mão dupla!
2. O bofe te mandou flores e no bilhete, escrito à mão, te convidou pra jantar hoje, num restaurante novo e charmoso que você disse estar curiosa pra conhecer: Nossa, gata! Onde você encontrou esse? Tinha mais algum?
3. O cara te convidou pra um chopp, mas não disse quando: Pense positivo, mas saiba que pode, sim, ser o velho e bom papinho masculino.
4. O sujeito não marcou nada. Não ligou, não mandou SMS e não respondeu ao seu pedido de amizade no Facebook: Respire fundo e pense que podia ser pior, ele podia te convidar pra um cafezinho...
5. O meliante te mandou um SMS convidando pra um cafezinho (não é seu dia de folga, você não toma café e ele acabou a mensagem dizendo: me confirma?): Prepare-se, você pode estar prestes a perder o bofe.

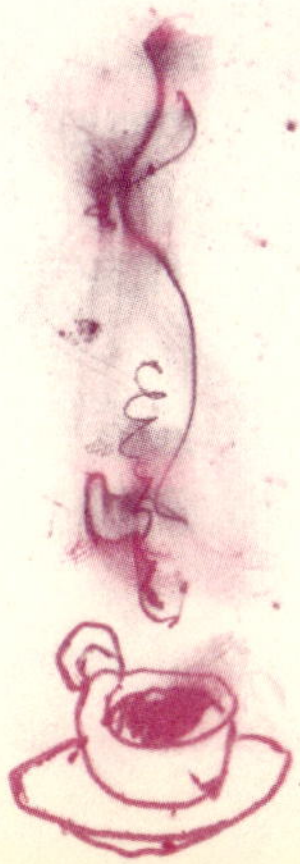

# FAZENDO PLANOS

3

# STATUS: PRONTA PRA CASAR

# FILA ÚNICA: AMOR COLETIVO

Se todo mundo pensasse que nosso objetivo nos relacionamentos é tornar o outro uma pessoa melhor, não teríamos tantos problemas na matemática conjugal — leia-se por relacionamento qualquer coisa que envolva o coração, não importando se por poucas noites ou décadas a fio. Se cada uma de nós pensasse que está preparando um marido para a próxima mulher, todos os homens seriam mais dóceis e, assim, estaríamos todos bem acompanhados. Num dia elas, noutro nós. O mesmo vale para esposas. Imagina só, se as moças já viessem com a lição de casa feita e não tentassem (nunca mais) disputar a atenção com o *jogo de quarta à noite*? E, quando digo melhorar o outro, quero dizer dar sem pedir nada em troca, apenas contando com a premissa lógica de que, em algum lugar, há outra pessoa fazendo o mesmo por você. Digamos que é um jeito coletivo de ver o amor.

Se fosse assim, haveria menos gente traumatizada circulando por aí. Bando de despreparados sofridos que somos... Vacilões para todos os gostos e tamanhos. No fundo, somos um bando de bípedes com medo de dar e de receber (não necessariamente nessa ordem). Se fôssemos uma sociedade emocionalmente organizada, conseguiríamos não só torrar menos o mundo consumindo por pura ansiedade, como chegaríamos com mais facilidade à tão desejada felicidade — que nada mais é do que o exato momento em que queremos o que temos e temos o que queremos. Ponto. Quem sabe assim, treinados por nós mesmos, conseguiríamos até ser mais estáveis e nos separar menos... E, mesmo se nos separássemos, a ideia seria sorrir e pensar: agora mesmo há alguém que foi treinadinho esperando por mim lá fora! Mas não... preferimos a mesquinhez do medo, a infantilidade do egoísmo e seguimos todos analfabetos emocionais, batendo de um lado a outro. Amando e sofrendo (não necessariamente nessa ordem).

## OS PERIGOS DO HOMEM BICICLETA

Primeiro você acha o cara gatinho. Aquele tipo com a barba malfeita, cabelo desarrumado, roupa fora de moda. Seu número! Daí você esbarra com o guapo no café; ele toma chá e numa caneca superestilosa. Você começa a entrar em modo "eu poderia amar este homem" — para citar Antonio Prata às avessas. Ele gostou de você, não há dúvida — Deus abençoe o tomara-que-caia no trabalho! Como quem não quer nada, você passa lentamente pela mesa dele na hora do almoço para aquela averiguação rápida: bloquinho, iPod, uma mochila e um capacete de bike. É ciclista! "Deve morar aqui do lado." Não. Sua vizinha de mesa é vizinha dele: mora pra lá da tia Eva! "Deve ter barriga tanquinho..." Você adora se iludir.

Como você também tem uma caneca e vai a pé pra casa (três quadras) ele se interessa. Te convida pra uma cervejinha. Ele toma dois copos e depois água sem gás. Mas beija bem. Você deixa rolar.

Primeira vez na sua casa. Ele acorda às seis horas e sai. Mountain bike. "Amanda, o homem é uma máquina!!!" Você continua tentando se iludir.

Primeira vez na casa dele. Ele acorda às seis horas e sai. Revezamento de bike. Você levanta bem depois e, controladamente para não fuçar nas gavetas, roda a casa com as mãos pra trás. Não tem açúcar, o leite é de soja, não há nenhum tipo de drinque ou achocolatado e em 95% das fotos do mural há uma bicicleta. Todos os ímãs de geladeira são relacionados ao tema, assim como alguns outros itens da casa.

Feriado: ele é fofo, te convida pra uma viagem. Mas como você não tem bicicleta (você mentiu, disse que a sua estava com a Amanda), melhor não se meter a besta. "Jornada noturna" pra você, só se for na pista, né gata?

Seu aniversário: ele chega suado e precisa sair cedo, amanhã tem a prova para a qual ele treinou o ano todo. Aquela que o fez acordar às seis horas da manhã, sabe? "Ô se sei".

Moral da história: algumas mulheres foram feitas para amar barrigudinhos.

# O CASO DO BRINCO NO CARRO

Encontrar um brinco no carro do traste amado é tão clichê, mas tão clichê, que até parece mentira. Você não stalkiou, você não fuçou os bolsos, você nem sequer estava atrás de alguma coisa, e eis que aquele enorme brinco horroroso salta aos olhos sem ser chamado. Por que, gente? É muito amadorismo deixar provas tão evidentes. Se fulaninho quer (precisa ou pode) trair, problema dele. Mas deixar vestígios com cara de roteiro de novela mal escrita, não né?! E nem entremos na seara das camisinhas e roupas íntimas esquecidas, porque aí o buraco é mais embaixo. Nego tá chamando pra guerra, mesmo! Tá precisando desabafar e não sabe como. Mas o brinco... Ah, vá! Dê uma varredura no terreno, jogue os indícios de traição fora e apague as mensagens do celular. Não custa nada e vai ser melhor pra todo mundo. A não ser que... os bofes estejam tão desesperados que estão plantando prova falsa para abalar as raparigas. Será??

Pensemos que a loucura humana ainda não chegou nesse ponto. Melhor. Fiquemos com a versão de que os homens são mesmo desligados e afeitos a puladas de cerca amadoras. Fiquemos com aquele brinco maldito para fazer uma mandinga e com a certeza de que nem tudo precisa ser dito, nem tudo precisa ser sabido ou descoberto, e para isso (e todas as outras coisas) temos Mastercard, o lava rápido e as crônicas de Luis Fernando Verissimo.

E a-puta-que-te-pariu que o brinco "deve ser de alguma amiga"!

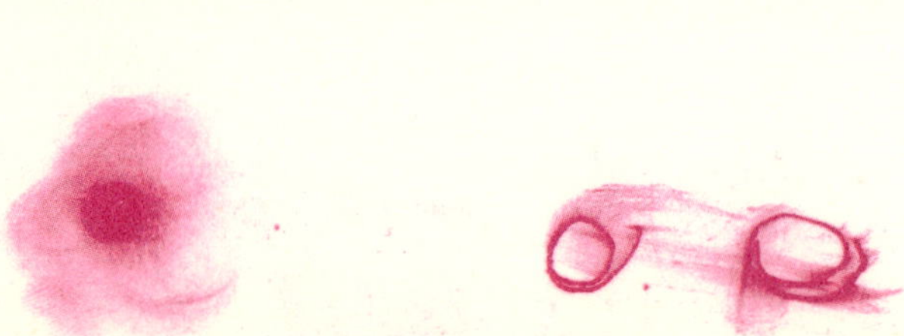

## ESCALE O MELHOR TIME POSSÍVEL!

Às vezes parece que o mundo seria melhor sem os homens. Mas esse pensamento dura apenas trinta segundos, graças a Deus! Eles são fundamentais para conturbar, desarrumar, encaixar e algumas coisinhas mais. Mas é fato que as mulheres estão muito mais empenhadas na busca da perfeição do que eles. Somos seres mais complexos e também mais desenvolvidos. Amamos mais, odiamos mais e tudo que existe entre esses dois sentimentos é pensado, repensado e aprimorado com empenho. (Vamos puxar o nosso saco um pouco, né? Chega dessa história de que mulher é histérica e na hora do sexo tá sempre com dor de cabeça.) Assim, na hora de escolher a tampa da nossa panela, o que vale mesmo é pensar no defeito que menos nos incomoda, escolher o jogador e trabalhar bem o time. Claro que a escolha do "melhor defeito" varia de mulher pra mulher, mas é inegável que alguns deles merecem apenas advertência verbal enquanto outros precisam do cartão vermelho seco e sem dó. Na dúvida, sempre acione o quarto árbitro.

Ele entra no modo "silêncio constrangedor" na frente de seus parentes e amigos? Acione o tira-teima. Caso fique comprovado má vontade crônica, mostre o cartão amarelo.

Ele dá perdido e vive esquecendo o celular? Para os seres mais evoluídos esse defeito pode ser aceitável, para quem ainda é iniciante no aprimoramento feminino, não! Lembre: dois cartões amarelos levam à expulsão, mesmo que nenhuma das faltas tenha sido antidesportiva.

Ele chega de mau humor e você vira o alvo do descarrego? Patadinhas até que podem ser suportáveis, mas xingamentos e frequência assídua de ogrices merecem o cartão vermelho.

Ele não é chegado no treinamento sob os lençóis? Chega sempre atrasado nos treinos e vive lesionado? Não escale o jogador! Melhor dois amarelos na mão que um perneta no banco!

# MULHERES QUE CAEM

Tá linda e loira tomando um sorvete no calçadão. Sol no rosto e a cor do verão provocando os que cruzam seu caminho. No iPod toca "Dancing With Myself", por Nouvelle Vague. Está prestes a ser um tapa na cara daquelas que vivem de dieta, quando a loira, o sorvete, o iPod, a Nouvelle Vague e tudo que estava na bolsa se espatifam numa queda sem precedentes. Ah... as mulheres que caem! Caem da escada de casa, da bicicleta, enquanto brincam com o gato, caem na pista, na frente da sala do chefe enquanto acenam aquele "oi" milimetricamente pensado. E com elas caem o telefone, a taça que foi da avó, a bandeja com coxinhas, a papelada, a comida do cachorro e, o pior de tudo, cai a dignidade! A saia sobe, a blusa denuncia a lingerie cor da pele que deveria passar despercebida, a meia-calça rasga à la Courtney Love e começam a juntar as pessoas que vêm sempre (sempre!) com a mesma frase: "Coitada, machucou?". E depois, até que a pele se recupere, vêm as perguntas: "Nossa, você caiu?" "Como foi que fez isso?" "Se cortou?". Até dá vontade de dizer "sexo selvagem sempre acaba comigo". Mas para as mulheres que caem... haja sexo! Essa não cola mais. Isso quando o namorado não encana: "Tá muito suspeito esse seu hematoma novo". E toca a recapitular: "Amor, esse é aquele do calçadão...". E são tantos tropeções, topadas e voos não programados que a memória chega a falhar, mas o hematoma está lá para mostrar que, sim, alguma coisa aconteceu, mesmo que o dry martini não te deixe lembrar. É preciso compreender, algumas mulheres cozinham, outras têm o intestino preso. Algumas fazem balé, outras usam perfume doce, e algumas, bem... algumas mulheres caem!

## DÁ PRA SER OU TÁ DIFÍCIL?

### Quinze coisas que todo mundo deveria nascer sabendo:

Dizer "não".
Fazer um belo sexo oral.
A tabuada do 9.
Que quem procura, ACHA.
O caminho mais curto.
Qual o dia fértil.
Que só a gente percebe os três quilos a mais.
Quem matou Odete Roitman.
A saudação ao Sol.
Que o dia seguinte é que é o problema.
Onde fica o botão "não vou me apaixonar".
Que o banco nunca está do nosso lado.
Que o celular "alheio" é o pior inimigo do equilíbrio emocional.
Que um sofá dura tanto quanto um casamento.
E que a gente nem sempre tem razão.

## MULHER ENCANADA PROCURA!

Mulher quando encasqueta com uma coisa, dificilmente toma uma cerveja pra esquecer, e de fato esquece. Mulher encanada investiga o cara que achou gatinho até saber, no mínimo, estado civil, o nome da ex e dados como o ônibus que ele pega. Básico. E se tem uma menina escrevendo coisas fofas no Twitter do namorado? Nome, idade, profissão, balada preferida, as melhores amigas e o principal: uma foto pra poder fazer uma enquete se vale mesmo a pena perder tempo tendo ciúme dela! Mulher encanada caça implacável o nome da amante do marido da amiga, mesmo que seja só pra colocar em observação e não dizer nada. Levanta a ficha do pai do amiguinho do filho começando apenas pelo sobrenome da criança e o nome da escola de natação... Quando uma mulher encana, investiga até a própria vida pra ver o que os outros vão achar se resolverem investigá-la!

E se o marido derrapar na curva? Nossa! Aí só para quando descobre o desfecho do caso: "Foi a dona Branca, na sala de jantar, com o candelabro!".

## FEIA, CHATA E BURRA

O que fazer no dia em que todas as mulheres do mundo parecem ser mais interessantes do que esta que temos em nós? Da manicure que assume os quilinhos a mais sem culpa à moça do outro departamento que desfila plena de calças jeans e camiseta branca (Hering!). Todas têm mais estilo e charme. Uma cita Virginia Woolf como quem não quer nada, a outra busca o filho na escola todos os dias, uma terceira faz tudo isso e ainda treina para uma maratona de manhã e está com um sapato arrasador! Todas, sem exceção, são mais lindas, mais inteligentes, mais completas, mais felizes e estão com um esmalte mais bacana. E agora???

- Lexotan! Não resolve, mas ajuda.
- Cerveja, nem pensar! Dry martini, por favor!
- Um sapato novo pode resolver, mas não pode ser pantufa!
- Uns óculos escuros glamurosos? Só se a conta bancária permitir.
- Almoço com as amigas, jantar com as amigas, café com as amigas, lágrimas com as amigas...
- Quando cruzar com a musa do andar, abaixe a cabeça! Só hoje. E mentalize algo como “na cama ela não convence”.
- Dar *unfollow* em algumas pessoas no Twitter, pode jogar muita serotonina no sangue. Já fuçar a vida das periguetes, só atrapalha!
- Decote!! Profundo e preto. Sempre funciona.
- Um rolê no jato invisível?
- Ou apenas uma boa trepada na cozinha.

# AMOR INFINITO ENQUANTO DURE

4

## STATUS: RECÉM-CASADA

## LEAIS, LOUCAS E LISAS

É impossível não amar as mulheres. A complexidade apaixonada. A objetividade sensual. Uma fofura que arranha... Musas choronas. Deusas mimadas. Com a mãozinha na cintura, dando bronca calada ou fingindo que nunca dói. Quem, se não elas, diz que está tudo bem engolindo o ódio? Quem, se não elas, se desespera e chora por causa de um sapato?

São invertidas, são lisas, tão doces quanto mentirosas. Leais e venenosas. São cínicas, todas gordas e facilmente contornáveis com um enlace de um abraço. São mudas quando querem gritar e gritam quando deveriam estar mudas. É fofo o jeito como se enfeiam ao se arrumar e é muito lindo o jeito como se embelezam ao desnudar.

Conturbadas e falantes, plenas de uma insegurança crônica. Parceiras sorrindo cúmplices pela primeira vez, ou gargalhando junto dez anos depois. Mas sempre loucas e sem nexo. Absolutamente irrecusáveis. Absurdamente contestáveis. E, muito provavelmente, irreparáveis.

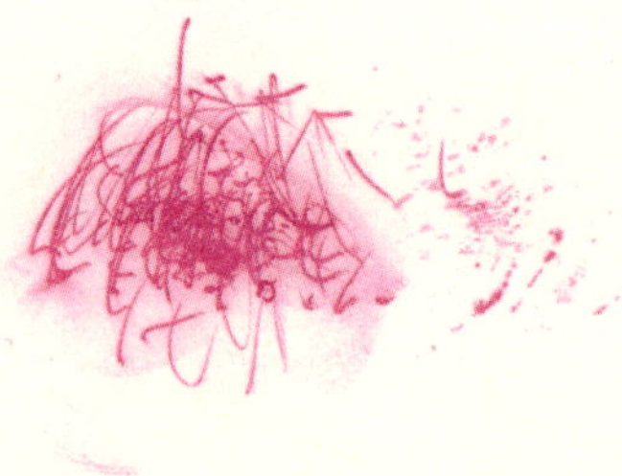

## É SÓ UM PUNZINHO?

Para a tristeza dos casais recém-formados e das propagandas de margarina, as pessoas peidam. Podemos chamar de punzinho se for mais agradável. Mas a verdade é que os gases fazem parte de nossas vidas e... da vida de nossos parceiros. Ou vai dizer que o autocontrole lhe possibilita tomar uma distância segura sempre? Sorte de quem é casado com gente de olfato ruim. Azar dos *sommeliers*, enólogos e afins. Triste também para os que têm combustão acelerada e precisam soltar muitos puns pra ser feliz. Nesse caso é melhor já avisar o parceiro logo no começo do namoro. Como dizem por aí: a verdade liberta! Ou você já ouviu falar de alguém que pediu o divórcio porque o companheiro peidava demais? O peido pode ser um problema também para quem vem de uma linhagem peidorrera, famílias em que o pum faz parte do cotidiano coletivo. Essas pessoas, quando saem para a vida a dois, precisam se reeducar. Não é todo mundo que vê (ou sente) os gases como uma coisa orgânica e natural. Mesmo os que só soltam pum depois de uma feijoada, uma bebedeira ou um x-salada com batata e milk-shake, um dia deixarão escapar um malfadado peidinho. Há quem, mesmo nessa hora, faça cara de "Não fui eu" e procure o ralo mais próximo para colocar a culpa. Puro medo de assumir a humanidade que há em nós. Há quem tape o nariz do cônjuge, faça cara de culpado e mande um "Ops!", sem mais delongas. E, claro, há os que colocam a culpa nas crianças. Mas a verdade é que todo ser humano peida e um dia será traído por seu aparelho digestivo. O melhor é deixar uma tática pronta, *just in case...*

# LÓKI DO AMOR

Quantos lókis do amor passaram pela sua vida? Quantas vezes alguém te pediu em casamento no quarto encontro? Fez uma tatuagem pra você? E você, quantas vezes mudou de cidade, de país, de rumo para dar vazão a alguma coisa tão gostosa quanto difícil de explicar? Tudo, claro, para o descabelamento de mães e amigos mais contidos, para a inveja de pessoas egoístas e para a surpresa dos astros que não conspiravam a favor. Quantas vezes você fez alguma coisa absolutamente louca por amor?

Deixemos de lado os calhordas que blasfemam a loucura amorosa em puladas de cerca idiotas. Deixemos de lado também os programas de televisão que expõem e envergonham ações fofas. Ser um lóki do amor não tem nada a ver com ligar o foda-se ou fazer juras enlouquecidas da boca pra fora. Para ser um lóki deliciosamente verdadeiro é preciso sentir, desejar, explodir! Há, sim, algo de incorreto e de inesperado, e até por isso, há algo de invejável!

É uma pena que esse negócio de que é preciso ter casa própria pra poder fazer filho e de que é preciso ganhar um aumento pra poder casar esteja acabando com as pequenas insanidades amorosas. É bom lembrar que ainda somos seres humanos, um tipo de animal que deve, sim, confiar em seus instintos. Bora deixar os medos em casa pra se jogar no mais invejado dos sentimentos? Bora esquecer as diferenças pra ser simples e descomplicadamente loucos? Afinal, são as doçuras impulsivas e inesperadas que trazem graça a esse cotidiano que chamamos de vida.

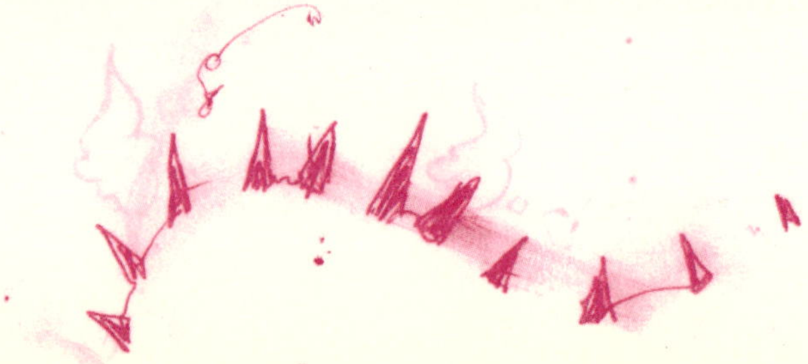

## QUER CASAR COMIGO?

Você nunca pediu ninguém em casamento? Não sabe o que está perdendo... Pedir alguém em casamento é levantar a plaquinha "e nós fomos felizes para sempre" enquanto o coração acelera. É jurar que esse momento merece (e vai) durar pra sempre. É baixar a cabeça humilde ao mesmo tempo em que diz "você me merece". Gente, tem coisa melhor do que dizer "você me merece" sem ser pedante?

E não estou pregando o machismo. Ninguém aqui falou que é o homem que pede a mulher em casamento. Tá achando antiquado? Ninguém falou que só namorados, namoradas e afins podem ser o alvo da pergunta amada. Pedir alguém em casamento é muito maior do que pedir fidelidade, programar as Havaianas customizadas com a cara do casal ou discutir o nome dos filhos. Não sei quem inventou esse negócio de que é preciso separar de um, para casar com outro. E por que não casar em grupo para eternizar aquela cantoria conjunta à beira-mar? E quem falou que depois de pedir alguém em casamento vem todo aquele script: morar junto, ir ao cinema aos sábados e brigar no domingo durante a pizza? Esse roteiro já tá muito batido! Vamos inovar, pessoal!

Vai lá, compra um anel de plástico, um Sonho de Valsa ou Kit Kat e pede sua melhor amiga em casamento. Vale chorar, ajoelhar, abrir um prosecco e fazer festa de despedida de solteira! Quem tiver sorte pode pedir o chefe ou, por que não, a equipe inteira em casamento. Peça seu irmão, a sogra, sua blogueira preferida, um amigo novo por quem está apaixonada... Bora casar de corpo e alma com quem a gente merece. Bora jurar amor eterno e colocar foto com ímã de coração na geladeira.

Não se acanhe! O primeiro pedido de casamento, a gente nunca esquece. E quando chegar o seu dia (oxalá seja logo!) você vai tremer, vai derreter e entender o poder da pequena frase: "Quer casar comigo?".

## UM PROBLEMINHA, PELO AMOR DE DEUS!

É preciso deixar bem claro que não estou incentivando ninguém a furar o pneu do próprio carro nem a perder intencionalmente o passaporte durante uma viagem. Mas a constatação é real: nada como um perrenguezinho vivido em dupla para unir o que as biscates, a toalha molhada em cima da cama, a louça na pia e os cabelos no boxe insistem em tentar separar. Aquela corrida obrigatória carregando malas para não perder o voo, a tentativa conjunta de salvar os móveis da água que inunda a casa, a busca desesperada pela mala esquecida no metrô... Momentos de pequeno desespero que podem render boas risadas no fim e que são capazes de unir o que a-vida-como-ela-é é mestre em distanciar. Nesses momentos percebemos que a união faz a força.

Claro que viver imerso em pequenos problemas não faz bem a ninguém, mas em alguns momentos a necessidade de trabalhar em dupla pode fazer milagre pelo casal. E ali, no meio do caos, pequenos ou grandes atritos podem ser dissipados pela cumplicidade de um olhar ou um secar de lágrimas seguido pela velha e boa frase "Vai dar tudo certo, amor". Afinal, nessa hora, 1 + 1 é igual a tudo.

## NAMORIDO, UM MAL DO MUNDO MODERNO

Para a nossa tristeza a expressão está na moda. E mais, o tipo de sujeito que se encaixa nela também! Quem, raios, inventou isso, minha gente? Algum ser peludo deve estar se achando um gênio por ter criado uma categoria que permite todos os defeitos de namorado e todas as regalias de marido. Ah, vá! Eles dormem na sua casa todos os dias (regalia de marido), mas na hora do vamos ver te apresentam como namorada. Eles usam pijama ou trapo pra dormir (regalia de marido), mas no seu dedo não repousa uma aliança e na sua história não há uma cena fofa que lembre, de leve, o dia romântico em que ele te pediu em casamento. (As feministas que me desculpem, mas quem não gosta de pedido de casamento pode procurar outro livro.) Aliás, eles não pedem em casamento, porque, na hora que chegamos nesse ponto, eles vestem o pijamão e soltam algo como: amor, a gente já é (tipo) casado! Ah é? Então bora fazer algumas crianças. Pelo menos se ele transasse com você como um namorado (na pia, no tanque, na janela). Mas não... nessa hora o lado marido entra em ação e eles só faltam pedir para apagar a luz.

Quer namorar? Ótimo! Quer juntar? Pronto: casou! Mas não me venha com essa opção em cima do muro, com jeito de quem vai colocar só o pezinho, sabe? O amor foi feito para mergulhos de cabeça. Obrigada.

## PLATÔNICO É A PUTA QUE PARIU!

Salve o amor. Aquele de conchinha e barba na nuca, que pode durar pra sempre ou só até amanhã. Aquele amor sem medo, sem freio, que ama e pronto. Salve o amor que a gente dá e pega de volta outra hora, outro dia, com outra pessoa. Aquele aconchego facinho que não posa, não se esforça, não finge. Salve o amor-próprio que resolve a vida de muitos, o amor das amigas que aguenta, arrasta e levanta. Salve o amor na pista, que roça, se esfrega, se joga e vai embora. Um amor só pra hoje, sem pacote pra presente, sem laço ou dedicatória. Salve o primeiro amor, que rasgou, perfurou, corroeu... ensinou. Salve o amor selvagem, o amor soltinho, o amor amarradinho. Salve o amor da madrugada, sincero enquanto dure e infinito, posto que é chama. Salve o amor nu, despido de inverdades e traquitanas eletrônicas. Salve o amor de dois a dez, um amor sem-vergonha, sem legenda. Salve o amor eterno, preenchido de muitos ardores. Salve o amor gigante, mas sem palavras, o rotativo e o escrito, salve o amor rimado, cego, de quatro. Salve o amor safado, sincero e sincopado, o amor turrão e o encaixado.

# NA SAÚDE E NA DOENÇA

5

# STATUS: CASADA & ACREDITANDO NO AMOR

## AMAR É:

### Suportar, aguentar, relevar, meditar e transcender

É muito fácil gostar daquele gato que te leva café na cama. É muito simples se apaixonar pela garota que, sorrindo, dança pra você na pista (no supermercado, no banho). É muito fácil amar quando está tudo (e todo mundo) facinho. Mas como diriam as comadres: vai comer um saco de sal com a pessoa?! É na hora em que somos roubados, em que erramos o caminho ou quebramos um braço, que a coisa pega. Maquiada de shortinho curto e decote fica difícil resistir, mas e sentada no boxe, chorando sem motivo aparente? Fritando um ovo sem camisa rende foto no Instagram, mas e gripado, tossindo e catarrento?

Amar é suportar. É pensar que seus filhos terão aqueles defeitos e achar o.k. É saber que você estava certo desde o começo, mas conseguir segurar o "eu não disse?", que coça na garganta. Amar é tampar a pasta de dente todo santo dia e resignar-se; é repetir cem vezes que você não gosta de orégano; e tocar a campainha sem raiva quando a chave está (mais uma vez) lhe impedindo de abrir a porta. Amar é juntar um punhado de perrengues, com pitadas de mau humor e um bom tanto de chatice e achar que, mesmo assim, vale a pena.

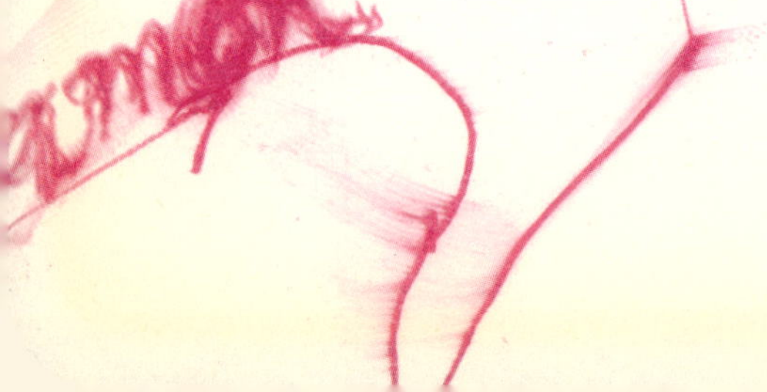

# PUNHETINHA NOSSA DE CADA DIA

Punheta é um verbo que homens conjugam desde a mais tenra adolescência. Uma relação que se desenvolve genuína e prazerosamente. Pinto, mão, uma revistinha qualquer (uma colega de trabalho qualquer, a atendente da farmácia, ou até aquela atriz da novela...) e pronto. Não há briga, não há cobrança. O amor de alguns homens pela punheta chega a ser comovente. Se você é desses que gostam de praticar uma punhetinha solitária (pra relaxar depois do trabalho, pra desestressar depois do jogo...), melhor checar com a candidata a patroa como ela encara o fato. Não precisa botar na lista das dez primeiras perguntas a serem feitas, mas, depois de um tempo saindo junto, vale apurar, fazer um teste in loco. Sim, porque tem muita mulher que sobe nas tamancas até mesmo quando o pobre oferece a homenagem pra ela: "O quê? Dá aqui esse negócio que eu mesma faço!". Deve ser algum tipo de possessão inexplicável — considerando que ela pode controlar o que vocês farão no sábado à noite, seu Facebook, seu e-mail (que ela olha escondido); já o que se passa na sua cabeça...

Nessa hora, o melhor é começar com homenagens que podemos chamar de "pessoa física". Por exemplo, ela ali no banho e você olhando fixamente... Se ela não gostar, vale a DR. (Querida, existem três coisas com as quais você pode, mas não deve brigar: o gosto pelo futebol, a vontade da mãe dele de ajudar e a punheta nossa de cada dia.)

Mas a verdade seja dita: isso não significa que qualquer punheta esteja liberada. Pera lá! Não me venha com movimentos repetidos e semidiscretos do lado de lá da cama: 1. Porque eu dormindo de meias de um lado e você batendo punheta do outro é muito deprimente; 2. Porque o colchão balança e me acorda! Ah, vá, né? Tá com comichão? Não tá conseguindo dormir? Me agarra, vai pro sofá da sala, mas não bate uma punheta enquanto eu durmo!

## VAI DAR TUDO CERTO, AMOR

Tá difícil. Tá triste. Nossa história fez aquela curva que não esperávamos. Estamos num lugar sombrio e misterioso que até ontem parecia não existir. O seu corpo sofre e eu, uma extensão de você, sofro também. Mas não vou deixar que você desista. Por nós, vou até a feira buscar as frutas de que você gosta; por nós, vou arrancar um ou dois sorrisos seus; por nós, vou gritar quantas vezes for necessário: vai dar tudo certo, amor, prometo!

Você me olha murcho, quase não acredita que eu ainda esteja aqui. Você duvida e eu penso em comprar uma aliança. Tenho em cada poro do meu corpo a certeza de que é aqui que devo estar. Afinal, pra onde eu vou se o meu corpo mora no seu? Você chora e em cada lágrima vejo sair um pouco desse nosso caos. Chora mais? Você desconfia, mas eu anoto os afazeres, traduzo os exames e faço um drinque. Hoje somos essa pausa em nós mesmos, somos nossas vísceras a céu aberto, mas o amanhã nos espera, amor! Tem a viagem em janeiro e aquele filho que, sim, vamos ter. Tem nós dois e nossos outros tantos que nos lambem.

E amanhã vai ser a minha vez de ajoelhar fraquejando por um motivo qualquer, e você, equilibrado e sereno, vai dizer de boca cheia a sua frase preferida que eu emprestei por uns tempos: “Vai dar tudo certo, amor”.

## É PRA SEMPRE?

Quer saber a quantas anda o seu relacionamento? Planeje uma obra. Quanto mais ambiciosa for, maiores serão as provações. Mas há quem diga que um simples pintar de parede pode abalar a relação. É na hora que um quer grama e o outro concreto, que um quer mesa e o outro balcão, que paciência, perseverança e tudo aquilo que os budistas pregam são colocados à prova. A estrutura que nos sustenta enquanto casal pode sofrer abalos sérios já na decisão mais primária: prédio ou casa? Isso se o cidadão não vier com aquelas ideias estapafúrdias de morar... na Granja Viana. Ui, daí o problema é ainda mais embaixo. Mas é na hora em que temos pedreiros circulando pelas entranhas daquilo que chamamos de lar que estapeamos a sintonia que nos une. Tudo em nome de uma vida melhor, de um escritório ou do quarto do bebê que um dia virá.

O pior momento, digo, o ponto alto da provação, é quando uma das partes solta a temida frase: "Já que estamos quebrando aqui, por que não aproveitamos para fazer não-sei-o-quê ali?". É nesse momento de empreendedorismo financeiramente arriscado que as palafitas da vida conjugal se abalam. E se, para cessar as brigas, forçamos um acordo e resolvemos prolongar a obra, apenas jogamos o problema para algumas semanas adiante, quando — entre poeira, fios e um monte de coisas que não estão saindo como planejamos — percebemos que... o dinheiro acabou, mas a obra não. É aí, meus amores, que rufam os tambores da discórdia. Se a relação passar desse dia, nada vos faltará. Amém.

## SÓ A MASSA DESCONHECIDA SALVA!

Um dia é você que reclama: do horário de chegada pós-festinha (para a qual foi delicadamente desconvidada: "Só vai ter gente do trabalho, amor"); do carro que quando chega na sua mão está sempre sem gasolina; das amiguinhas do Facebook... Bode. Este ser é sua cara-metade.

No dia seguinte você está ótima. Saiu com as amigas, esquentou a orelha de umas cem pessoas, tomou dry martini. Mas aí é ele quem reclama: do horário, do arranhão no para-choque, da foto que você colocou no Face... Você feliz, toda facinha, tendo que vestir a carapuça de chata.

E, assim, o desentendimento se alterna. Você acabou com a granola ("Podia ter deixado um pouco pra mim"). Você trancou o banheiro na hora que eu preciso secar o cabelo pra sair. Você arrota na mesa. Você vai [quase] pelada para o trabalho...

Nessa hora, não adianta colocar no Telecine Action e dividir a pipoca. Com certeza um vai dizer que prefere ver o *Fantástico*. Tem uma hora, amigos, que só a massa desconhecida salva. Só uma multidão de seres nunca vistos, de preferência num empurra-empurra dos bons, resolve a vida do casal.

Show de pop star em estádio, rodada final do campeonato, festival na lama, rodoviária em véspera de Ano-Novo, passeata. O importante é a massa volumosa mostrando quão pequenos nós somos. É quando sua cara-metade faz todo sentido. O sabor de um leve sorriso, as mãos dadas, uma parceria protetora. Sim, é brega (graças a Deus)! É quando 1 + 1 é igual... a nós.

Naquele mar de gente, só o fulano que deixa o carro sem gasolina sabe como você gosta de trepar no sofá e que o leite deve ser semidesnatado. E ali, gata, na massa, você não é a chata, é a "minha", é a única! (Pode arrepiar!)

Por que precisamos de milhões de rostos anônimos para suspirar a dois? Boa pergunta.

# O PINTO

E eis que cinco anos depois, numa relação bacana, amorosa e sem queixas sexuais, meu marido chega em casa com um pinto. Um membro de plástico hiper-realista.

"Nossa, amor, você podia ter começado com algo menorzinho", brinquei, insinuando que o pinto era para uso pessoal dele. A piada não colou e rapidamente eu virei a careta da história. "Joana, você tem que ter criatividade." Hein?! Tá chamando meu boquete de monótono? Pouco criativo, é isso? Já subi nas tamancas! "Por nós", ele disse. "Nós, quem?" Não me enfie nessa história e, de preferência, não queira enfiar nada em mim também.

"Você sempre caretinha, né?" Pronto, agora eu tenho que transar com um pinto hiper-realista para provar pro meu marido que eu sou cool! Não tenho nada contra vibradores... mas não podia ser menorzinho? "Menorzinho não tem graça", ele disse. Não tem graça pra quem? Não seria eu a parte envolvida a receber o membro? Sendo eu, não caberia a mim escolher o tamanho do dito cujo? Liguei para as comadres. Nenhuma delas possuía ou já tinha usado um membro desse tipo. "O Teco tem que morrer e ressuscitar três vezes pra me fazer uma proposta dessas." Sorte a sua, amiga.

Os dias se passaram e o pinto ficou ali, sobre a cômoda da sala, pra ver se eu me acostumava com ele. (O Renatinho que teve essa grande ideia, claro.) E eu me acostumei, já estava achando que ele deveria viver ali, entre o telefone e o pôster da Kate Moss, e só ser removido durante as visitas da vovó. "E se eu lamber?", sugeri. Ele não achou a menor graça. Me olhou como se eu fosse uma freira virgem. Eu não estava acreditando que meu casamento começava a sofrer fortes abalos por causa de um pinto de plástico. Tanto problema mais nobre... Se quisermos filhos, se vamos votar nulo novamente, se vamos aderir à marcha da maconha, se pretendemos comprar uma casa juntos... Mas não, tudo posto de lado porque eu sou careta e não quero trepar com um pinto *made in China*.

"Amiga, pensa numa coisa que você quer muito e faz troca! Transa com o pinto e ainda sai ganhando", sugeriu uma colega do marketing. Mas o problema é que a única coisa que eu quero muito ultimamente é não ter que transar com essa coisa. "Ai, Joana, você sempre cabeça-dura, desde pequenininha. Teu pai te comprou um vestido rosa uma vez e você NUNCA usou", disse a minha mãe. E agora não era só o Renatinho que me achava careta, minha mãe e o pessoal do marketing também achavam.

Bom, então resolvi escrever este texto e publicar neste livro moderninho pra dizer pra vocês que eu usei o pinto! Aleluia. Se foi bom? Não me lembro direito (santo cabernet sauvignon), mas tentarei ser honesta com vocês: o problema do pinto de plástico é que ele é só o pinto! Achei, assim... que fica faltando a boca, o peito peludo, o suor pingando no rosto... essas coisinhas. Porque o Maurinho estava muito ocupado consigo mesmo enquanto eu usava o pinto. Enfim... melhor poupá-los dos detalhes. Se ele ficou feliz? Médio. Se arrependeu de ter feito o trato em que, para transar com o pinto uma vez, em troca eu nunca mais teria que transar com o pinto. E agora ele (o pinto) está lá, entre a Kate e o telefone. Mas foi bem lavadinho.

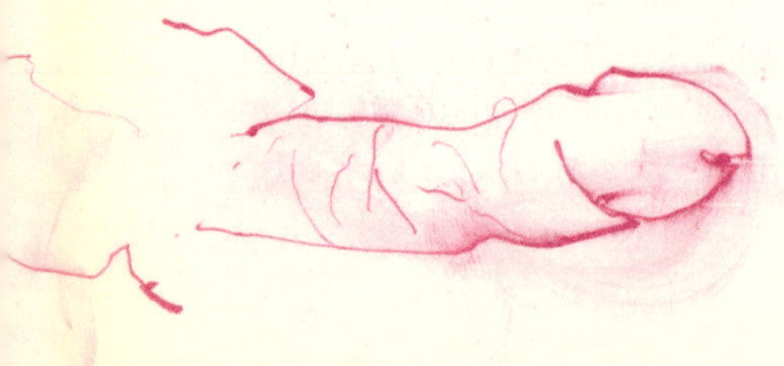

## Aguentar o amigo alheio

É uma pena que, muitas vezes, o ser amado venha acompanhado de alguns outros seres não tão amados assim. Sempre tem aquele amigo de infância que já não tem nada a ver, mas há um carinho, uma ligação ancestral inexplicável... Aquele cara que fala pra caramba e só solta frases clichês sobre assuntos desinteressantes... O melhor é beber pra no dia seguinte não lembrar de muita coisa.

O ser amado muitas vezes vem acoplado a um primo reacionário que, sob o efeito potencializado do whisky, passa horas discorrendo sobre por que o bom momento do país não é verdadeiramente bom. Esse, geralmente, fica a conversa toda segurando no seu ombro pra evitar que você fuja ou saia de fininho fingindo procurar o garçom. Haja amor pra aguentar.

E as amigas que ignoram solenemente a sua presença e passam a festa (churrasco ou casamento) fingindo que o seu par está só? Pega daqui, gargalha dali, fala não-sei-o-quê no ouvido. E se você esboça uma nesga de ciúme, ainda é obrigada a ouvir algo do tipo: "Ciúme da Mari não vale!". Oi?! Onde estava essa cláusula que eu não vi?

E sempre chega aquele dia em que você é obrigada a aguentar a mulher do "Marquinho". Aquela que só fala de cirurgia plástica, lifting, bronzeamento marroquino e, pra piorar, não bebe, não fuma e não come fritura. Nesse caso, nem o álcool salva. O negócio é fingir que a conversa está muito interessante e ficar fazendo mentalmente a lista do supermercado! Ou melhor, cair doente no dia e, infelizmente, não poder acompanhá-los.

E ainda tem a pior de todas as espécies de amigo alheio, aquela que nitidamente não gosta de você e não faz o menor esforço para registrar uma única frase do que você diz. Aquela que te acha insuportável e fica fazendo a lista do supermercado mentalmente enquanto você conta como foi o Réveillon.

## VOCÊ DIRIGE, EU SURTO!

Tudo começa com um: "Ai! Cuidado, vai fechar o farol". Ou: "Se continuar andando tão devagar vão bater na gente". E pronto! Está aberta a temporada de briga no carro. Se a viagem for longa, há chance de o casal passar o tempo todo discutindo. Um assunto vai emendando no outro e, de repente, estamos de volta a uma discussão de um ano atrás! Entram a mãe, as amigas, a tampa da pasta de dente... e, enquanto o carro não parar e ambas as portas baterem deixando lá dentro uma pequena lama emocional, a discussão não cessa. Se houver trânsito a caminho da praia, então, meus pêsames. Aquele desentendimento quanto à temperatura ideal do ar-condicionado vai parar em lugares misteriosos. Agressões. Lágrimas. "Você nunca me ouve. Você não liga pra mim. Você não sabe amar!" (Oi?!) Como eu disse, lugares misteriosos.

Geralmente a coisa complica no exato momento em que a temperatura do ar ou o frenético uso do celular ao volante deixa de ser a questão central. "A coisa" vira uns cutucões que levam a uma frase bombástica do tipo: "Você é um egoísta mesmo" (um cavalo, uma mimada: a agressão varia de casal pra casal). Uma das punhaladas costuma ser: "Nem adianta querer discutir com você, né?". (O "né?" é fundamental porque é o pedido de revide: seu interlocutor espera uma resposta. É guerra!)

E aquele sítio que não chega nunca?

O baixo Augusta nunca foi tão distante!

Vem o silêncio sepulcral. Estamos chegando. Aleluia.

E depois? Depois acabou. Do carro viemos, ao carro voltaremos. O que acontece entre quatro portas só diz respeito ao condutor e seu copiloto. Se sobrar um resquício de ódio, afogue no drinque ou num beijo molhado. Brigar é bom pra poder fazer as pazes — e a pista escura é ótima para isso, tem trilha sonora e uma pequena plateia que ainda vai dizer: "Olha como eles são lindos juntos!". Touche.

## NAMORADA É A PQP

Enquanto algumas moças dão a vida para ser (finalmente) chamadas de namoradas, acendem vela e fazem mandinga para que possam (finalmente) mudar o maldito status criado por Mark Zuckerberg no Facebook, outras se sentem mortalmente golpeadas pela mesmíssima palavra. Duvida? Experimente chamar uma mulher recém-casada de "namorada". Primeiro o rosto irá enrubescer, depois a mesma palavra será repetida (NAMORADA?) com uma ênfase que pode ser lida como "vai se foder". Em algumas, a mão esquerda se distanciará automaticamente do corpo evidenciando um anel, algumas vezes dourado, outras, com uma pedrinha.

Se a pessoa que errou a categoria for uma vaca ou @vaca em potencial, então... o ódio é ainda mais profundo. A maldade feminina não tem limites — nem a paranoia, diga-se. Daí a achar que o "demérito" foi venenosamente intencional é um pulo. Não que ser chamada de esposa seja bonitinho, mas o reconhecimento do trampo que dá gerenciar casa, marido, sogra, sogro, padrasto, sobrinhos, a máquina e os infindáveis sachês de Nespresso e o pedreiro deixa um gostinho de vitória na boca.

E se a pessoa insistir no erro? Morte! A terceira vez que alguém chama uma esposa de namorada não é mais equívoco, é provocação das brabas. O mesmo que chamar designer de diagramador, saca? Pode romper a relação, dar *unfollow* e começar a chamar o ser de meliante.

Mas e se a moça não tiver uma placa de esposa no pescoço? Errar é humano, pessoal! Bem... se você não quiser arriscar, mande o indefectível "primeira-dama", não falha e não tem contraindicação.

## INTIMIDADE. PODE?

A vida a dois é linda. Você casa, ganha alguns copos, viaja... Estaria tudo ótimo se não fossem algumas pequenezas como unhas, espinhas, secreções de variados tipos e um único banheiro em casa. E a verdade, meus amigos, é que até casar a gente disfarça (finge mesmo, dribla bonito), depois é que intimidade ganha uma conotação polêmica e nojo se confunde com fetiche, que se confunde com excesso de... intimidade. Se a vida fosse um jogo, certamente tirar caca de lugar impróprio em hora imprópria e na presença de gente imprópria, faria você voltar algumas casas. Pensemos:

- Fez xixi na frente: avance duas casas, certas intimidades são sinal de amor, confiança. (Né?)
- Soltou um punzinho durante o xixi: acontece... mas ande uma casa para trás. Melhor.
- Solta punzinho em todo e qualquer cômodo da casa: volte 5 casas, corte o feijão, saladas e gorduras em geral.
- Arrotou durante um jantar a dois (em casa): fique onde está. Podia ser pior.
- Arrota todos os dias durante o jantar: volte 5 casas! Urgente!
- Espremer espinhas e cravos nas costas do outro: Fique onde está. O fetiche é seu e ninguém tasca.
- Espremer suas próprias espinhas e cravos durante a novela: volte 2 casas (mas há controvérsias).
- Cortar a própria unha durante o *Jornal Nacional*: fique onde está e quem tem nojo que se vire. (Ah, vá, né?)
- Espremer os furúnculos do outro: volte 3 casas, ou apresente o diploma de enfermagem.
- Ter nojo do suor: volte 3 casas. Amar é suportar e aprender a gostar!

- Cutucar secreções não sexuais do outro (nariz, ouvido, olho): volte 3 casas, avisar já é suficiente.
- Oficializar o banho antes do sexo: melhor voltar umas casinhas, né? Depois do futebol até vai, mas sempre fica meio estranho...
- Ter nojo de esperma: volte 6 casas e procure um analista.

## SILÊNCIO, SOLUÇOS E ASPIRINAS

Algumas coisas nos fazem chorar. Não soluçar e dissolver, mas escorrer lágrimas que não são exatamente nossas. É um choro parceiro. Um choro de amiga. Aquele de quem quer, no fundo, roubar a tristeza alheia, quer chorar pra que ela possa, enfim, sorrir. É impossível não doer quando uma amiga chora. É impossível não borrar. Essas lágrimas são muitas vezes mudas, caladas pela dor, mas nunca (nunca) menos parceiras. Nunca menos sentidas. Se falasse, esse choro seria um misto de piadas antigas para descontrair e xingamentos duros a alguém, alguma coisa ou simplesmente ao maldito azar. O choro de uma amiga é tão nosso quanto o filho que acabamos, juntas, de perder. É tão nosso quanto o ódio sofrido pela traição que acabamos, juntas, de descobrir. É tão nosso quanto o erro que acabamos de cometer. Esse choro alheio que escorre em nosso rosto é tão sincero quanto aquela gargalhada que decora há anos a geladeira. E é esse choro, inteiro e dividido, que puxa o abraço. É esse choro, conjunto, que enraíza o que, em breve, florescerá. É ele, dolorido e intensamente nosso, que diz, sem dizer: “vai dar tudo certo”.

# DIZENDO ALGUMAS VERDADES...

6

# STATUS: CASADA, MAS JÁ NA VIDA COMO ELA É

# CARTA AOS BOFES

Queridos gatos da noite paulistana, não tenham medo de tratar as mulheres bem! Não fiquem apegados à ideia de que se vocês forem gentis a moça vai se apaixonar (Zzzz). "Gentileza gera [*apenas*] gentileza"; amor e paixão levam outros ingredientes bem mais complicados, não se preocupem.

Elogio é sempre bem-vindo. Respire fundo, você consegue! Evite expressões infantojuvenis e, se estiver nervoso, assuma, diga com todas as letras: "Tô meio nervoso". É melhor do que parecer um personagem do filme *American Pie*. Perguntas do tipo "E aê, que-que-cê-curte?" devem ficar de fora do primeiro, do segundo e do quinquagésimo nono encontro. Mulher a gente desvenda.

Prefira sempre fazer convites dóceis e diretos, do tipo "passa a noite comigo hoje?". Além de surtir mais efeito, é gramaticalmente bem mais agradável do que coisas como "qué subí?".

Mas gato, se você tem um compromisso às oito da manhã, avise a moça com antecedência, nada pior do que ser colocada pra fora com o raiar do dia sem aviso-prévio. Alimentar a pessoa é obrigatório. Oferecer uma toalha é de bom-tom. Se preocupar com o orgasmo dela melhora a sua pontuação na tabela geral.

Se você é do tipo traste assumido, homem que está na vida curtindo um momento pombajira, pode deixar isso claro também. A verdade liberta! Não tente parecer o Harry Potter se você está mais pra Charlie Sheen.

Tá achando tudo isso mimimi demais? Tenha em mente que essa pode até não ser a mulher da sua vida, mas ela pode ser a mulher da vida do seu melhor amigo, sua chefe ou a melhor amiga da mulher da *sua* vida.

## QUERIDO DIÁRIO...

Eu não sei se existe no mundo alguma relação que sobreviva a uma fuçada no e-mail, celular, caderninho e afins. Saber sobre o que a sua gata se queixa para as amigas ou o que o bonitão anda falando para a Carlinha pode entrar como uma facada certeira no coração (cravada assim, pelo ladinho, e saindo pela frente). Algumas palavras, lembranças mórbidas e pensamentos sujinhos não foram feitos para serem divididos com quem dorme ao seu lado. Por exemplo: se você está repensando o conceito de fidelidade — só repensando, por ora, divagando, nada sério — a última pessoa que deve ter acesso a isso é a mais envolvida na história. Sim, porque deixar por descuido que a pessoa veja a troca de e-mails que você teve com um amigo sobre o tema não tem nada a ver com chamar para uma conversa franca sobre a nova proposta de casamento aberto. Frases como "acho que preciso comer outra mulher" ou "estou cansada daquele sexozinho lá-em-casa" podem matar um cônjuge. Mesmo.

Eu não sei que tipo de gente ainda faz diário, mas dizem por aí que esses seres existem e têm uma certa ânsia por deixar vazar na folha anseios, devaneios e fatos. Fuja desses escritos! O risco de querer se atirar pela janela lendo sentenças sobre como você trepa, como você não trepa ou, pior, como a Carlinha trepa é enorme. Não ler o diário do cônjuge é amar a si mesmo. Queime! Entregue para uma amiga ler! Faça uma mandinga! Mas não leia. Até porque, se a pessoa quiser te dizer alguma coisa, ela que diga! Não facilitemos a vida dos preguiçosos e emocionalmente desajeitados, né? "Sem querer" um arquivo de texto ficou aberto no computador? Feche! Há um caderninho bonitinho sobre a mesa? Devolva gentilmente à gaveta de onde ele não deveria ter saído. Se você não ficar com essa pessoa por aqueles vinte anos planejados, pelo menos vai economizar uma bela grana de terapia.

## SABE QUANDO AS MULHERES DIZEM QUE GOSTAM DE GANHAR FLORES?

É mentira!

Sim. As mulheres mentem. E não apenas quando há algo a esconder. Elas mentem também por uma dificuldade circular e viciosa de ir direto ao ponto. Em vez de dizerem "não quero que você vá. Estou carente e com ciúme", dizem "vai lá, então...". Pois bem, somos loucas. E a mentira mais estranha, a meu ver, é aquele papinho uniforme e uníssono de que gostamos de ganhar flores. Não que receber um lindo vaso de tulipas não seja tocante. Flores anônimas na mesa do trabalho também são bem legais... Até uma simples rosa comprada no farol pode arrancar lágrimas caso venha acompanhada das palavras certas. Mas é esse o ponto! No geral, o que as mulheres querem são as palavras, os gestos, a surpresa e não as flores. Então, você que acha que por ter comprado um buquê está tudo certo e resolvido, esqueça! Nem o mais lindo girassol transforma cafajeste em príncipe. Mulher não gosta de flor. Gosta de amor! Se ele vier acompanhado de uma orquídea, melhor. Mas se a orquídea vier sozinha...

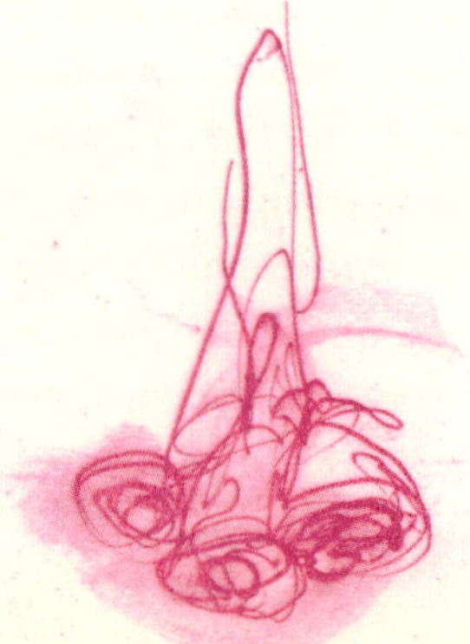

## AMIGA, FELIZ DIA DOS NAMORADOS

Obrigada por estar do meu lado há tanto tempo. Por aguentar meu mau humor, minhas lágrimas, minhas dores. Obrigada por me fazer rir naquele domingo cinza pós-separação, por me doar quatro copos para eu estilhaçar no muro e esmigalhar uma dor qualquer. Namorar você é o que me salva, há anos e toda terça-feira. Namorar você é o que me faz voltar do almoço para a mesa de trabalho uma pessoa melhor.

Não posso dizer que a vida seria sem graça sem você porque sem você não haveria vida. Teu abraço bêbado na pista, aquela primeira lambida... teu nervosismo no meu casamento. Como não ter? Amo quando você esquece as palavras sábias e apoia meu ódio enchendo meu copo. Quantas lágrimas secamos juntas? Quantas garrafas de vinho secamos entre gargalhadas? Lembra quando você veio com o violão para me dragar da fossa? E quantas vezes eu te pedi em casamento? Adoro pedir você em casamento e adoro que você sempre aceita.

Sempre penso como seremos velhinhas... eu procurando um canto para fumar discretamente e você tomando negroni. Será que ainda vibraremos com a música "Total Eclipse of the Heart"? Quantas vezes você zelará para que eu não tire a roupa no palco? Será que você ainda abastecerá meu iPod? Será que ainda nos abraçaremos sem motivo aparente? Enfim... obrigada por me fazer sonhar o futuro e por não me deixar desistir de publicar aquele livro. Obrigada por dividir comigo a sua dor e por me dizer tantas vezes "vou contar, mas é só pra você!". Ser esse seu um, ou melhor, esse seu outro, é simplesmente delicioso.

E o melhor de tudo é saber que não vai acabar e que vamos somar a nós maridos, esposas, filhos e novos namoros como o mais moderno dos casais, como a mais deliciosa dupla. Mas promete uma coisa? Jura que não vai mentir se estiver me achando gorda?

## ELAS ESTÃO DESCONTROLADAS!

Tá louca por um namorado. Só reclama dos moços e da falta de amor pra dar dos outros. Se estrepa nas piores roubadas e sai ferida. Chora. Mas na hora que pinta um príncipe, chama o pobre de pegajoso e acha doce demais.

Diz que o cara tá gordinho. Reclama da pança, da falta de fôlego. Para de comprar açúcar em casa e torce o nariz quando ele pede sobremesa. Mas na hora que o bofe engata no treino, reclama que ele acorda cedo demais.

Faz (de um) tudo pra ir morar junto. Se alia à mãe dele, expulsa o amigo, compra champanhe, mas quando o cara aceita, além de trazer sapato para vinte vidas, reclama que o coitado é bagunceiro.

Faz de tudo para o cara casar. Festa, Havaiana, daminha... quer tudo! O bofe aceita (por amor!). A louca decide tudo (e quer decidir tudo), mesmo assim, reclama que o rapaz não está se envolvendo no magnânimo evento.

Faz de tudo para o cara topar o filho. Xaveca, vacila, faz mandinga, jura, promete. Mas quando chega o rebento, reclama que o cara não levanta pra atender as demandas da madrugada.

Sim, "às vezes" nós somos absolutamente insuportáveis.

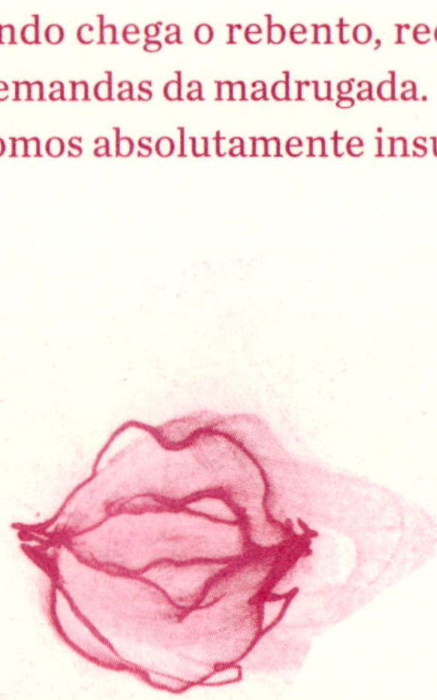

# CUIDADO COM A CINTA-LIGA!

Apimentar o relacionamento é muito lindo na teoria. É lindo também quando você está no sex shop se sentindo uma mulher do século XXI. É lindo quando você liga para as amigas e pergunta se é melhor preta ou rosa-choque. É lindo quando você acende as velas e toma o primeiro gole do espumante. O perigo está mesmo na hora H. Se, por algum acaso (mesmo que pequeno), o namorado brigou com o chefe no trabalho, bateu o carro no caminho, passou a tarde dando assistência para a mãe que teve um piripaque, seus planos de surpreender com gosto de pimenta dedo-de-moça podem não só ir por água abaixo, como deixar um trauma eterno! Em você, não nele! Dá muita tristeza estar no ponto para uma noite de amor picante e ver o cenário se transformar em uma pegadinha do Faustão!

Nada pior do que acender a luz e tirar a própria cinta-liga para assistir a um filme qualquer no Telecine. E pior do que a frase "amor, hoje não estou no clima, meu dia foi um caos, faz um cafuné?" é a cara que vem antes disso. Aquela expressão de surpresa e pânico como quem pensa: "o que eu faço agora?" e "hoje não, pelo amor de deus!" ficam na memória de uma mulher para toda a eternidade, impossibilitando qualquer coisa que se assemelhe a "isso" nos próximos 120 anos.

PS 1: O mesmo vale para algemas, fantasia de enfermeira, mulher-gato e afins.
PS 2: Isso não é uma ode à mesmice, mas seja uma mulher prevenida, escolha o momento certo ou avise que hoje à noite teremos uma surpresa!

## ALIMENTE OS ANIMAIS!

Não importa se foi bom, médio ou abaixo do esperado. Não importa se foi paixão à primeira vista e desde ontem você tem certeza que é nesse ser ao lado que você quer despejar seu futuro. Não importa se ele faltou na aula de sexo oral, se ela não sabe beijar, se estava bêbado demais... Se dormiu na sua cama, merece ser alimentado pela manhã! Oferecer um café e um pãozinho com manteiga não é igual a pedir em casamento! Fazer um ovinho mexido não significa que você vai ligar amanhã ou que a noite foi incrível. Alimentar os humanos que pernoitaram é *apenas* sinal de que você é educado e seguro de si.

E, não, oferecer um copo de água *não* vale! Não estamos falando de levar em casa — o que depois dos trinta deveria ser obrigatório —, não estamos falando de dar beijinho de bom-dia ou de trepar na pia da cozinha com o sol dando a benção do dia seguinte (amém). Estamos apenas alimentando uma pessoa que acaba de acordar em território alheio. Bora ser coerente, pessoal! Levou pra casa? Transou? Dormiu? Tem que alimentar! Porque ser gentil deve estar sempre na lista de prioridades. Deixar uma pessoa sair pela porta sem ao menos oferecer (com vontade!) algo pra comer é sinal de que ali mora um ser imaturo.

Se não for o caso, você não precisa nem caprichar. Deixe a receita de ovo pochê da sua avó para os candidatos a amor da vida, mas bora liberar o tostex de queijo para que a pessoa siga seu caminho de barriga cheia, né? Além de treinar a gentileza, essa é uma ótima oportunidade de deixar claro o que vem daqui pra sempre. Afinal, diante de um pingado caseiro e de um tostex feito na hora você pode até contar da vontade inacreditável que bateu de voltar pro ex.

E aqueles que fingem estar dormindo feito pedra para que a pessoa saia sem ter que se comunicar: ah, não se preocupem. Esses vão arder no fogo do inferno, seja lá onde (ou com quem) for isso.

## PEQUENAS MENTIRAS, GRANDES NEGÓCIOS

Mentir às vezes é necessário. Omitir, principalmente (o que, dependendo do tamanho, pode ser enquadrado na categoria de mentira, certo?). Mas, independente do enquadramento dado para a ação, ou você é muito bom no que faz ou é melhor ser verdadeiro mesmo. O mundo das inverdades não foi feito para amadores. Até porque quem mente pra valer, quem é bom nesse esporte, sabe que a regra número 1 do crime perfeito é: não minta à toa. Sim, porque ser pego no pulo é degradante para qualquer um, mas ser pego no pulo sobre uma poça insignificante é muito pior! Bora arregaçar as calças e cravar o pé na nossa humanidade? Muitos irão se surpreender como a água não chega nem a molhar a bainha...

Mentira é caso sério! A gente só mente quando precisa, certo? Não, errado. O povo anda mentindo por motivos cada vez mais torpes. Pra quê? Mentira é que nem crime: se for em legítima defesa, até dá pra perdoar, mas se for por mania ou esporte, dá cadeia! Então, bora assumir nossa condição de imperfeitos e falar umas verdades! Afinal, a verdade pode até doer, mas liberta. Recebeu uma mensagem nitidamente alcoolizada fora de hora? Coloca na roda! Acabou a noite numa festa estranha cheia de loiras recusáveis? Conta tudo! Já tá enrolado com outra gata? Assume! Pra que gastar lama onde só tem uma aguinha, pessoal? E não me venha com aquele "eu pensei que você ia pensar que eu pensei...". Páputaqueupariu as pequenas mentiras e seus grandes negócios.

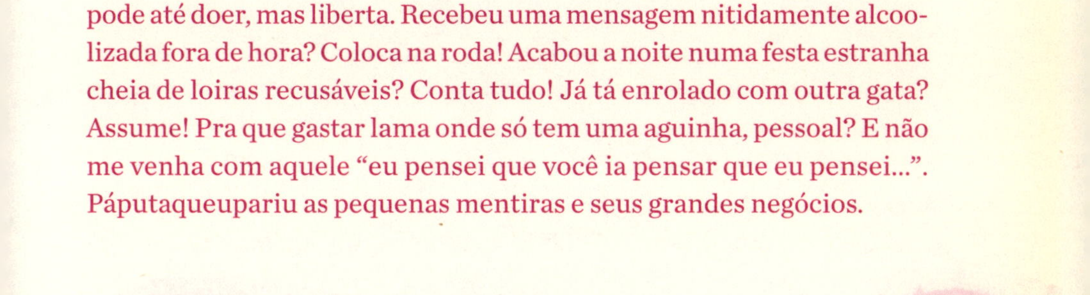

# LIMPINHO, FOFINHO E BONITINHO

Não sei se é um fenômeno localizado ou se o vírus da exigência se espalhou descontroladamente. Algo me diz que estamos vivendo o auge de uma febre yuppie intelectual passiva. As pessoas não tomam mais vinho de garrafão? E espumante? Nem pensar, ou é prosecco ou melhor água mesmo — não da torneira, claro. Até a velha e boa pinguinha tem que ter grife ou pedigree. A exigência é tanta que se espalha até pelos sanitários: ui, acabei de ofender os toaletes. A palavra banheiros, então... datou. Se não for lustroso, perfumado e com sabonete líquido, não serve. Parece que foi outro dia que as pessoas agachavam ali no matinho e pronto! Mas agora não! O carro tem que ter ar-condicionado, o aplicativo tem que ser baixado em sua última versão, as mulheres têm que ser esculpidas, e barriga chega a ser ofensa.

A exigência é progressiva e viciante. Nada está bom, nunca. Antes fossem apenas os chefes os seres picados por esse mosquitinho, mas hoje tem marido, amigo, vizinho e até estagiário fazendo cara de nojinho pra você. Foto com celular sem filtro? Hello? A fila anda! Às vezes parecemos um bando de gente torcendo o nariz para a coxinha no almoço sem nos darmos conta de que estamos na rodoviária! Todo mundo é fino, limpo, equilibrado e aspirante a conde.

Depois as pessoas não sabem por que brigam no trânsito. Por algum lugar tem que sair a humanidade que há em nós. Ainda bem que na intimidade todo mundo sente o cheiro do seu próprio peido.

## TWITTER PIG? OU FACEBUCHA?

Em tempos de Big Brother on-line — em que você desconfigurada na pista ou de calças semi baggy aos catorze anos vai parar na rede sem dó — é impossível não ter uma vaca virtual. Você pode até tentar ser uma pessoa fina, educada e que não se abala com a ex-mulher comentando cada foto, retuitando cada frase, mas as @vacas, essas desestruturam geral. Elas entram na sua @vida sem pedir licença. E dessa forma, toda sua finesse e toda a classe inspirada na madame Poças Leitão vão por água abaixo. É incrível como as @vacas conseguem desestabilizar uma relação.

Então, o melhor é focar a energia numa @vaca específica e tentar não perder as estribeiras. A escolha é fácil, já que candidatas a @vacas não estão em falta. Pena. Deixou recado inadequado mesmo quando o status "casado" (ou afins) está aceso no canto superior esquerdo? Candidata a @vaca. É aquela amiga do trabalho que sempre dá RT com "hahaha" no final e para quem você nunca foi apresentada? Mais um ponto pra ela! Não é salva-vidas nem modelo da Duloren mas coloca foto de biquíni ou sutiã no Twitter! É essa!!! Foque a ira na sua mais nova @vaca e não deixe que o mundo virtual dê *unfollow* no seu casamento. Amém.

# ME FAZ CHORAR, POR FAVOR?

Se você não deu a sorte de o amor da sua vida ser músico, poeta ou escritor, não perca tempo torturando o pobrezinho e muito menos implorando por cartas que nunca virão. Amiga é mais sensível, tem caneta rosa e não tem medo de dizer que é pra sempre. Afinal, passam os namorados e maridos e ficam os ombros, o sofá e a tequila de suas comparsas. E mesmo quando não passam os maridos... passam as fases, as suspeitas, aquele dia em que ele ia dar uma passadinha na festa e só voltou de manhã. Nessa hora, são elas que nos atendem em plena madruga. São elas que carregam aquele discurso sempre otimista de que "não é o fim, é um novo começo".

São elas (e não eles) que podem fazer você se debulhar em lágrimas sobre uma folha de papel, sobre o SMS ou diante do Facebook. São as amigas, e não os bofes, que sabem tudo da gente. E nada melhor do que a verdade para nos emocionar. Tô mentindo? Pra quem foi que você contou sobre o convite esquisito daquele seu ex-chefe? Quem fez você rir quando seu corpo era pura lágrima? Quem te emprestou a roupa que você estava usando quando conheceu o homem da sua vida? Pra quem você passa a senha do seu e-mail sem pestanejar? Quem é que ama quem você ama e o-dei-a quem você o-dei-a? São elas que choram nosso choro. São elas que compram nossas brigas e roem a unha por nós. São elas que em papel delicado declaram o amor eterno, inteiro e cúmplice que têm por nós.

Quer poesia? Foque nas amigas! É delas que virá a declaração de amor que te arrancará lágrimas novelescas que só saem sobre um pedaço de papel.

E na próxima encarnação, você reza pra ele ser músico. Ou não!

## JURA QUE PROMETE?

Treze coisas que não deveriam ser prometidas nunca!

- Nunca mais vou esquecer o celular.
- Nunca mais tomarei esse drinque.
- Nunca mais farei nada de errado.
- Nunca mais deixarei o xixi pingar na tampa.
- Nunca mais comprarei um sapato.
- Nunca mais escreverei ideia com acento.
- Nunca mais me arrependerei de nada.
- Nunca mais responderei uma mensagem dele.
- Nunca mais cortarei o cabelo.
- Nunca mais subirei numa balança.
- Nunca mais subirei no balcão.
- Nunca mais pintarei a unha de vermelho.
- Nunca mais entrarei no Facebook.

## OLHE PARA AS BUNDAS, OLHE COM FÉ...

Ou meus olhos são automaticamente atraídos por homens cuspindo, ou... os homens cospem demais! (Não vou trabalhar com a hipótese de eles cuspirem exatamente porque passam por mim.) Não há nada mais nojento do que um ser em deliberada cusparada em espaço público. Já nos bastam os jogadores cuspindo em campo que somos obrigados a ver durante os jogos de futebol. É tanto catarro sobre o gramado que deve funcionar como um poderoso lubrificante para ajudar em simulações de faltas e pênaltis. Os caras estão correndo, se exercitando e isso faz com que o muco seja realmente expectorado. Até aí, o.k.! Estamos em terreno fisiológico. Mas na rua? Caminhando da empresa até o quilo que fica a meia quadra? Saindo de uma hora parado na fila do banco? Nada me convence de que seja tão necessário. Seria este um exercício da masculinidade herdado do tempo das cavernas? Será? Neste caso, eu fico — sem pestanejar — com a virada de pescoço para olhar a bunda de moças na rua. Olhe, pode olhar! Vire a cabeça com tudo, dê aquela entortadinha... Olhe para todas as bundas se quiser, mas por favor: não exiba o muco que é só seu para os demais habitantes deste planeta! Os seres do sexo feminino agradecem. E as bundas também. Acho...

## “AFOGA ESSA VACA DENTRO DA PISCINA”

Todo mundo precisa de uma vaca pra chamar de sua. Pode até ser a ex-namorada do seu atual — pra quem não quer pensar muito é uma boa opção. Mas pode ser uma colega assanhada do trabalho, ou alguém que cruzou o caminho do seu cônjuge num rebolado mais acentuado. Tanto faz. O importante é ter alguém pra colocar a culpa, pra fechar a cara e dizer de boca cheia: aquela vaca! Não na cara dela, claro. As vacas são nossas e nem elas têm a ver com isso! O resultado é ótimo, cura TPM, esquenta o rosto, desocupa a mente, faz bem pra pele. Há quem goste de ter várias vacas, mas os manuais sobre vencer na vida recomendam foco. Então, foquemos! Mire numa e siga firme. Mas, lembre: pode acontecer de você perder a sua vaca... Ela pode mudar pra Paris, embarangar demais, ou pior: te conquistar! Pois é... a sua vaca pode ter coração e existe, sim, uma chance (pequena, mínima) de ela ser legal. Nesse caso, ache outra vaca e deixe quieto. A fila anda e pronto. E se acontecer de você ser a vaca de alguém? Aí, ou você investe pesado em provar que não é nada disso, ou sai calada, na ponta dos pés.

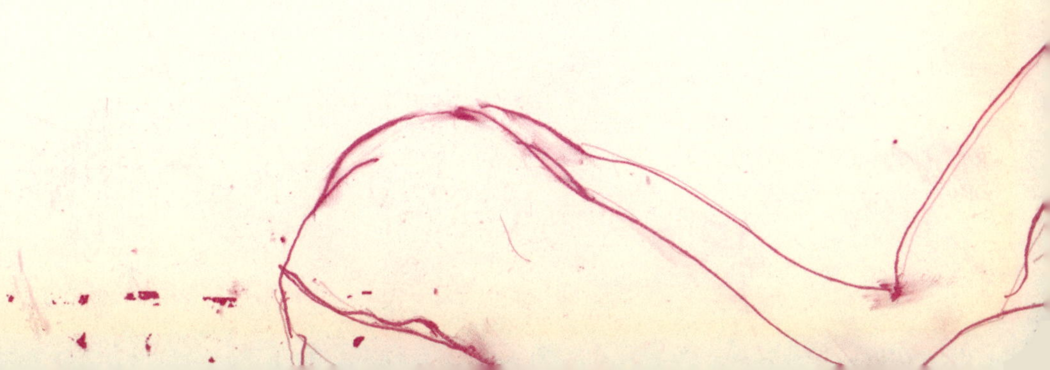

# NÃO FOMOS FELIZES PARA SEMPRE

7

## STATUS: DESQUITADA

# PODE SIM!

Isso é mais que um texto. É um tipo de manifesto — já que muita gente por aí acha que chorar no trabalho é uma das piores coisas que uma pessoa pode fazer na firma. Eu discordo. Acho que há coisas muito, muito piores. Mas deixemos as baixezas pra lá...

Chorar no trabalho é a prova de que somos humanos (aquele com telencéfalo desenvolvido e polegar opositor), que somos animais como qualquer outro e que, mesmo que hiperdomesticados, às vezes temos nossos dias selvagens. Dias inexplicáveis que podem ter a ver com a lua. Vai saber...

A denominação “minguante” dada à lua em certa fase tem seus dias para nós humanos. E não chama assim por acaso. Sendo pura fraqueza ou efeito da lua, às vezes entramos nesse tal “minguante”. E não adianta correr para o banheiro, usar óculos escuros, soltar o cabelo, passar batom, colocar o fone de ouvido... Nada esconde a cara de uma pessoa que adentrou a semana oficial do choro.

A gente bem que tenta engolir o “iningolível”, disfarçar olhando fixo para a tela do computador com a cabeça baixa — como se na frente estivesse o mais importante texto do mundo, mas na verdade são apenas as últimas notícias do BBB. E quanto mais você tenta segurar as lágrimas em silêncio, mais elas se proliferam. Em poucos minutos a água salgada está caindo no teclado, e mesmo que seja um choro mudo, se a coisa for séria, é bem capaz do nariz ser tomado por aquela coriza incontrolável...

Não entre em pânico! Nesse momento o melhor é aceitar a própria condição e levantar a plaquinha: Chorona? Sim, e daí?! Quem sabe, até outros chorões não se identificarão com você e se aproximarão para um abraço? Aceite. É o mundo selvagem, na saúde e na doença, na alegria e na tristeza. Assim, talvez, você consiga se conter antes de chegar no último (esse, sim, degradante) estágio do choro, quando os soluços começam a entrecortar as frases e alguém de outro departamento aparece para lhe oferecer um copo d'água com açúcar.

## NÃO ME QUER? ENTÃO ME LARGA!

Não me quer? Acha que eu estou indo rápido demais? Que não é o momento? Então não fica curtindo minhas fotos no Instagram! Não fica retuitando o que eu digo nem me mandando carinha sorridente no Gtalk! Se não tá a fim de levar o pacote todo pra casa, me deixa esquecer, por favor! Esquecer que você existe, esquecer que você não me quis e, pior, que ficou sem graça por isso.

Nem pense em me convidar pra sua festa. Não deixe na minha mão a decisão de estar ou não nesse momento. O que pra você é gentileza e demonstração de carinho, pra mim é ferida ralando no asfalto. Deixa eu pensar que a minha presença te perturba e que meu corpinho saçaricando pela sua casa em dia de festa não é recomendável pra nenhum de nós dois. Ainda tem o meu cheiro no seu tapete e aquele meu pote de Nutella no armário. Respeite.

Não me importa o que você pensa de mim e se me quer na sua vida "de uma outra maneira". Hoje, você é tudo aquilo que eu sonhei rolando escada abaixo, você é meu desejo partindo pra longe. É o fim do mais sorridente começo. Sua cara de amigo me esfola.

Não me leve a mal, mas vamos deixar essa amizade pra amanhã, o.k.?

# ODIAR DÁ UM ÓDIO

Aquele sentimento nefasto que acaba conosco mais do que com qualquer outro. Que começa travando o maxilar, fechando a garganta e esquentando a cabeça. Depois, vai ao estômago e, se não coloca tudo que você comeu no dia (no mês, na vida) pra fora, causa gastrite, congestão, gases.

O ódio entope veias, fere a alma e diz coisas horrorosas. O ódio é um *stalker* do mal, faz barbeiragem e arrota certezas podres. O ódio incita a vingança e, na sequência, envergonha. O ódio acelera rumo ao risco, atropela. E como dói esse maldito. Como corta!

O ódio não chora apenas... ele devasta. Enruga. O ódio é triste, deprimente.

E não adianta tentar matá-lo com seu próprio veneno. O ódio que sentimos por estarmos odiando é ainda mais sofrido, mais tosco. O ódio do ódio é tão poderoso que engole as boas vontades, a paciência e o amor, só para detestar ele mesmo! Quando o ódio se odeia gera mais ódio e suga aquela possibilidade, mesmo que pequena, de compreender, perdoar ou esquecer.

A nossa única e solitária vingança contra esse sentimento ao avesso é que está ali, nele mesmo, a sentinela que nos faz bater em retirada. Porque quando você odeia (muito e de verdade), quando acha que tudo está perdido e nada além do cinza tornará a brilhar, o ódio atiça os músculos, abre as narinas, acelera o batimento e, enquanto estala os dedos cheio de si, o ódio move! Levanta a carniça e se retira dele mesmo. Sepultando, pelo menos por ora, aquilo que acaba de nascer.

## "ALI, ONDE EU CHOREI, QUALQUER UM CHORAVA"

Sempre há aqueles dias em que a garganta não consegue dizer, a cabeça não consegue pensar e o coração não consegue discernir. Todos eles apenas choram, até os dedos dos pés choram, encolhidos e sobrepostos, como esmalte descascado. Tudo se debulha em soluços e lágrimas enquanto o rímel repousa inútil na pia do banheiro e aquela blusa nova sexy não consegue sair da gaveta. Nenhuma palavra parece reconfortante. E nessa hora... chove, você bate o carro, perde a carteira, cortam a NET e seu cabeleireiro está, certamente, de férias. Bom, ainda bem que pelo menos não é Carnaval.

Chorou com os dois braços apoiados na direção do carro? Teve que sentar no chão do boxe porque o peso das lágrimas foi forte demais? Secou os olhos com o papel toalha áspero do trabalho? Teve de virar o travesseiro para não se afogar? Ouviu da sua melhor amiga "qualquer coisa me liga, estou aqui"? Querida, seja bem-vinda, você está no fundo do poço! E o poço sempre tem um nome, claro! Ele tem um status de relacionamento, mil amigos, fotos em profusão e um sorrisinho matador no rosto.

Nessa hora, fofa, esqueça a etiqueta e as boas maneiras. Amordace a madame Poças Leitão que há em você. Esqueça o lindo discurso de boas energias e, principalmente: esqueça que tudo que vai volta, e amaldiçoe! Envie todo o seu ódio e seus maus agouros, grite, cuspa, deixe entrar e sair a pombajira. Do fundo do poço, gata, você não passa! É bem provável que depois disso você ainda continue deixando cair uma ou outra lagriminha, mas o resto da música vai começar a soar em seus ouvidos: "dar a volta por cima que eu dei, quero ver quem dava!".

## ELE TEM UMA AMANTE. E?

O cara é casado e tem uma amante. Fofoca? Denúncia? Merecimento? Vamos aos fatos:

Ele é seu melhor amigo: A mulher dele é chata e frígida. Ele p-r-e--c-i-s-a!

Ele é o marido da sua melhor amiga: Um grandessíssimo filho da puta!

Ele é seu chefe: Eu não sei de nada... cada um, cada um.

Ele é seu pai: Papai nunca foi bom de fidelidade... É um homem libertário.

Ele é seu paquera: Jura??? Será que posso entrar na fila?

Ele é um chato: Tomara que a mulher pegue os dois no flagra!

Ele é seu marido: Aquela vaca!!! Sempre deu em cima dele.

Ele é você: Eu??? Nunca faria uma coisa dessas! Não sei quem me mandou essa mensagem! Aquele não era eu... Nunca iria num lugar desses! Você enlouqueceu. Eu te amo!

# CHICO, VOCÊ MENTIU PRA MIM

"Todo dia ela faz tudo sempre igual. Me sacode às seis horas da manhã. Me sorri um sorriso pontual. E me beija com a boca de hortelã." Eu achei que era assim. Achamos todos, aliás. Não só no amor, mas no portão, na vida. Estou me sentindo traída por você, Chico. Estou me sentindo ludibriada por sua voz rouca e seus olhos verdes. Eu quero meu cotidiano igual ao seu!

"Diz que está muito louca pra beijar. E me beija com a boca de paixão"? Onde se encontra isso? O cotidiano lá em casa tá mais com cara de "o de sempre", num sentido bem monocórdio. Por aqui as coisas não andam como você me vendeu. Meu marido só reclama e eu nem lembro mais do gosto que o beijo dele tem. E se você me encontrar no meu portão, é porque estou pagando a pizza!

Feijão? Ele diz que dá gases e que meus flatos atrapalham seu sono. Não porque fedem, mas porque são barulhentos. Vê se pode! Chico: você mentiu pra mim. "O de sempre" por aqui é reclamação do chefe — ele me acha positiva demais. Mas, fique tranquilo, estou alimentando meu lado pessimista acompanhando de perto meu time que só perde e assistindo ao *Jornal Nacional* diariamente. "O de sempre", por aqui, tem gosto de sanduíche meia-boca da padaria para otimizar o almoço.

Olha, Chico... nem sei o que te dizer... Talvez, trocando em miúdos, "fico com o disco do Pixinguinha sim! O resto é seu". Isso porque nem mencionei a ex-mulher, o preço da escola das crianças, o povo aplaudindo a truculência da polícia, o velhinho vestido de Papai Noel assando no farol. E o preço do ansiolítico, claro.

# E ELES FORAM ________ PARA SEMPRE

Não importa o que vocês foram. Não importa se foi por um longo tempo cheio de parceria ou se gerou mais arrependimentos do que fotos saudosas. Se vocês tiveram um filho... é para sempre.

Para os muito desesperados em colocar um ponto final, mesmo que longínquo, podemos cravar um mínimo de quinze anos e um teto de quarenta, mas o melhor mesmo é engolir a ânsia e encarar os fatos: agora já foi, há muito mais aqui do que o velho e bom "infinito enquanto dure". E há uma beleza nisso mesmo quando estamos mergulhados numa mistura de tristeza e mágoa. Os filhos são o sabor refrescante de um amor que um dia esteve ali.

Não importa que caminho seguimos e se nos respeitamos. Não importa se nossos novos parceiros nos suportam ou se picaram as fotos em que aparecemos juntos. O filho é a certeza de que sim, seremos ________ para sempre. Eu, você, o boleto da escola, a gastrite desenvolvida naquele espera dolorida no corredor do hospital, a comemoração na arquibancada do clube, todas as nossas diferenças e tudo que nos faz impossíveis hoje... tudo isso junto, para sempre. É bonito, e mesmo que já não pareça, é aquele amor que juramos, é aquele para sempre que planejamos lá atrás se fazendo valer.

## VINGANÇA

"Vingança não é uma coisa que cultivamos no meu planeta. Mas não estamos no meu planeta!", disse Buzz Lightyear, em *Toy Story*. Como uma animação de um patrulheiro estelar pôde ser tão sábia?

É quando saímos do "nosso planeta" — aquela bolha de conforto na qual somos nós mesmas — e entramos no planeta alheio, geralmente revelado por algum portal no mundo on-line, a vingança, esse ato deplorável, passa a ser o único caminho possível.

Sim, é verdade que raiva não cura e que vingança é para os fracos. Mas no planeta alheio nós somos os fracos, os traídos, os que já perderam aquilo que morriam de medo de perder.

A amante do seu marido tem um noivo. Como não procurar essa pessoa?

Pegou seu namorado na cama com outra? Como não jogar a roupa da garota pela janela do 23º andar?

Cartas abertas no Facebook, um e-mail detalhado para toda a lista de amigos, um livro revelando detalhes daquilo que fomos ou fingimos ser, o arremesso daquele cinzeiro de que ele gostava tanto... Atitudes horrorosas que denunciam a pequeneza de nossa integridade diante da enormidade de nosso ódio.

Se vingar é regurgitar a própria podridão, como não botar para fora aquilo que nos corrói as entranhas? Como não devolver a merda que nos foi encaminhada? O planeta alheio anda acessível demais para dar tempo de esfriar a cabeça.

# A FILA ANDA, MAS A CATRACA EMPERRA

Seria ótimo se a vida fosse tão simples quanto a frase começada por "A fila anda". Anda pra quem? Essa parte é bem importante, mas ninguém fala. A fila anda pra quem tá em pé, forte, viril, a milhão. E esses costumam não ser aqueles que realmente desejam que a fila ande. Porque, cá entre nós, há alguns momentos da vida em que, mesmo que haja uma fila, ela não anda. E quem quer saber de bofe novo quando está na lama? Quem tem olhos para a fila quando o amor da vida acabou de partir levando o cachorro que você aprendeu a chamar de seu? E se por um instante a gente levanta os olhos para espiar a tal fila, a chance de a visão ser terrível é imensa. Chatos, sebosos, bêbados, metrossexuais passivos e um antigo colega de escola que parece mais um *serial killer* a te perseguir.

Fila de merda.

Na verdade, no momento "ninguém-me-ama-ninguém-me-quer", não há uma pessoa no mundo que preste. Nem se o James Franco estivesse ali parado com a senha de número 01... Bom, talvez *nesse* caso até daria para mudar de ideia. Mas, infelizmente, James Francos nem sempre estão dando sopa no mercado. A fila dificilmente anda para quem passa o dia a cantarolar Adriana Calcanhotto: "Entre por essa porta agora, e diga que me adora, você tem meia hora pra mudar a minha vida...".

Se a fila anda, por certo não é para os dilacerados e encalacrados afins. Pena. Afinal, como bem filosofou a publicitária Amanda Melito em seu Twitter: "A fila anda, mas a catraca emperra".

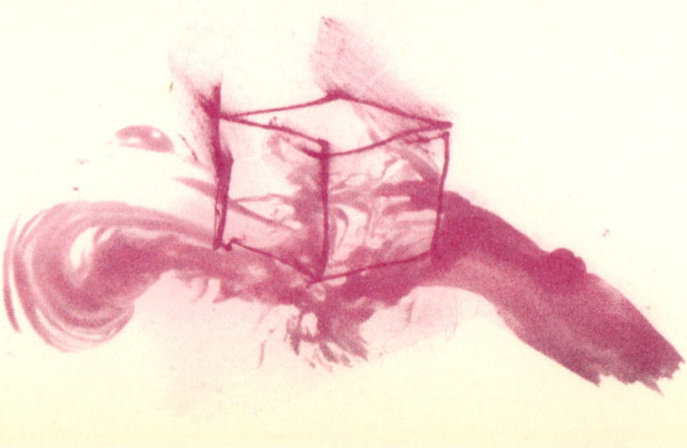

## A CARTA QUE ELES NUNCA ESCREVERÃO

(Palavras que poderiam ser ditas, mas ficam guardadas, entaladas ou escondidas atrás do caso com uma mina qualquer.)

*Bom dia, Dadica,*

*Minha alma está doendo por começar esta carta, mas vamos lá.*

*Eu deveria ter dito tudo a você ontem, mas as palavras não saíram. Quando olho pra você minha garganta fecha. De alguma forma, acho que isso é amor... Talvez um pouco de medo também. Mas a verdade é que não dá mais pra mim. Essa casa... sua cara de quem está precisando muito mais do que posso dar... nosso sexo que só sai depois de nos destruirmos com palavras e agressões cada vez mais profundas... Não estamos indo pra lugar nenhum e sonhamos com lugares muito diferentes. Você quer um filho. Eu quero uma garrafa de Jack Daniel's. Você quer Índia. Eu quero Berlim. Já não caminhamos mais lado a lado e tenho cada vez mais certeza de que o que nos mantém juntos é o medo de estarmos separados e não mais a vontade de estar junto. Há amor (sei que há), mas não é ele que me comove. Olho nossas fotos e morro de saudade do que fomos. Morro também de tristeza por perceber que não somos mais.*

*Eu sei que você vai chorar e que esta carta vai te devastar. A mim também, tenha certeza. Sei que você vai me achar covarde por não conseguir falar... Mas este sou eu. O mesmo cara que não conseguiu dizer que te queria havia seis anos. Por algum motivo, quando olho pra você, minhas palavras somem. Sua beleza segura, o ar levemente triste que te acompanha, teu sorriso revelador... tudo isso me cala. Me calou lá atrás quando todo o meu corpo te queria e me cala agora quando este mesmo corpo deseja partir. Sei que você está tentando não ver o quanto somos uma fruta passada que por algum fenômeno da natureza não caiu do pé.*

*Mas estamos podres, Amanda. Estamos tristes. E não é um filho que vai mudar isso, nem a ioga na Índia, nem a tal terapia de casal... Estamos esperando que um milagre aconteça, mas não atentamos para o fato de que não acreditamos em milagres.*

*Não vou ao futebol. Nos vemos aqui à noite pra conversar.*

*Estou tomando coragem.*

*Cortei mamão. Tá na geladeira.*

# VOLTE PARA O COMEÇO DO TABULEIRO!

8

## STATUS: SOLTEIRA POR FORA, CASADA POR DENTRO

## COMEÇANDO PELO FIM

Naquele momento, quando tudo está quase perdido e o único caminho viável parece ser seguir desconsolado a placa "Fim", nada melhor do que abrir a pasta de fotos.

Lembrar dos momentos de sintonia e felicidade em que juramos ficar juntos pra sempre, se não renova o amor, pelo menos nos enche de alguma coisa que não seja mágoa e tristeza.

É impossível não amar o que fomos quando estávamos amando. Cúmplices. É impossível não sorrir com o sorriso que demos quando, a dois, decidimos alugar aquele apê.

É bom lembrar que escolhemos estar aqui e que nem sempre fomos o emaranhado de problemas que somos agora. Aquela foto em que exibimos nossas alianças com orgulho traz toda a alegria que nos invadiu há alguns anos, quando eu jurei que duraríamos mais do que o sofá...

Abrir a arquivo de fotos é ver que não fracassamos, simplesmente deixamos de vencer. É diferente. Ali, naquelas imagens sem cortes, está tudo o que deixamos de ser, está tudo o que se curva gentil e anuncia: vai!!! Segue teu rumo e esteja pronto pra começar de novo. Sim, porque não há saída que não leve a algum lugar.

## FELIZES PARA SEMPRE!

Nada como aquele amor de férias ou aquele cara em quem você deu um único beijo antes de ele se mudar para Oslo... para casar. Ou então aquele que enroscou o corpo no seu numa pista escura e vocês se encaixaram de cima a baixo quase a vácuo... mas ele preferiu acabar a noite com um gatinho de barba malfeita. Serve também aquele pra quem você olhou e disse “Fodeu, é ele!” e nunca mais viu. Seria exagero dizer que foram os melhores momentos de nossas vidas, verdade. Mas lá dentro sempre fica a sensação de que, se não fosse pelo pequeno detalhe de que não aconteceu pra valer, esse amor foi (ou teria sido) perfeito. Amores impossíveis sempre dão certo!

Nossa imaginação é tão perfeita e nos conhece tão bem que é capaz de criar histórias irretocáveis partindo apenas de um olhar, de um beijo, de um adeus ao que poderia ter sido. Não há lágrimas, não há arrependimentos. Amores impossíveis não partem, não traem, não têm defeitos, ciúmes ou aquela irmã louca. E se houver algum mínimo defeito, basta tomar um drinque para corrigir. Nada como dirigir a nossa própria história e inventar diálogos que nos derretem, afinal, ninguém melhor do que nós mesmos para escrever as palavras que nos tocam e mostrar o ponto exato da nuca onde tudo começa. O amor quando é impossível não dói, não destrói e não tem final feliz exatamente porque não tem final. Amores impossíveis são para sempre.

“Amores impossíveis sempre dão certo” é uma frase da musa Tainá Nogueira.

# HOMENS QUE VOLTAM

No minuto em que você se recupera, que levanta daquela rasteira masculina bem dada, o ser em questão entra pela porta, pela janela, pelo maldito celular e por cada poro de seu corpo recém-reestruturado. É tiro e queda. Basta suspirar aliviada pro gato dar as caras com flores, presentes, bilhetes e ares de arrependido. Não importa se ele esteve em nossas vidas por parcos meses ou se tivemos um casamento e dois filhos. Alguns homens voltam. Tem mulher que pensa que é sina, que isso só acontece com ela, mas a verdade é que a categoria dos homens que voltam está crescendo a passos largos! E quanto mais rápido nos recuperamos, quanto mais eficiente é nossa tática de ressurreição, mais eles insistem em (re)descobrir que somos a mulher de suas vidas. Zzzzz.

E eles são pacientes. Às vezes, voltam um, dois anos depois. Coincidentemente justinho o tempo que levamos para juntar nossos caquinhos, apagar aqueles e-mails e picar as fotos do último Réveillon. Alguém me explica por quê? Por que os homens nos querem quando já não podemos mais, quando já não queremos mais, quando (de verdade) já fomos?

As novas promessas chegam a revirar o estômago. Tudo aquilo que quisemos ouvir, que imploramos por tanto tempo, justo agora, quando não escutamos mais.

E o pior é que não adianta planejar um golpe mirando o momento em que eles entrarão pela porta fazendo juras ao mesmo tempo em que dão um "vem cá de volta, minha nega", porque eles só voltam quando você realmente já foi! É a partida efetiva que os move. É o sorriso aliviado, o corpo sexy entregue a outras mãos e a nítida sensação de que não podem mais nos ter que os faz voltar.

Ah, gato... beijo, não me liga!

## AQUI JAZ A PAQUERA NO TRÂNSITO

O vidro fumê é o sepultamento definitivo da paquera no trânsito. Com ele não vemos nem se há uma pessoa ao voltante, quanto mais se é homem, mulher, se está sozinho (muito importante!), se é gato... Atrapalha também o xingamento a barbeiros, a comunicação com os pedestres e, claro, tira a beleza daquele último adeus a quem fica através do vidro traseiro.

Os fabricantes poderiam ao menos usar os tons das tinturas de cabelo e dar um refresco para o preto intenso. Mel acobreado e castanho médio cairiam melhor para quem prefere amarrar a pulseirinha do acaso no pulso e fazer parte do movimento (on-line e off-line) abaixo o anonimato!

E o pior, o vidro fumê faz tudo isso em nome da segurança. Sei... Ele e o coito interrompido, seguríssimos!

## QUER VIRAR A MULHER MAIS LINDA DO MUNDO?

Nada de dieta ou roupa cara: se jogue num campo de futebol.

A vida não está fácil pra ninguém. Ser uma mulher inteligente, culta e ainda manter um corpinho gostoso não é uma tarefa fácil. Este equilíbrio entre a cabeça e a bunda, somado ao aumento desenfreado da concorrência, tem dificultado aqueles momentos em que somos "as lindas". Nessa hora, nada melhor do que se jogar nas arquibancadas de um estádio de futebol. O efeito é imediato, muito melhor que terapia ou Diet Shake, e os efeitos colaterais são mínimos.

Se você vai acompanhada (porque mulher esperta torce para o time do namorado ou arranja um fanático pelo time que torce — vai de cada uma) é o dia de andar de mãos dadas, de virar troféu e ganhar afagos nunca antes recebidos. Se estiver com a jaqueta do time, então, é capaz até de ganhar flores no caminho de volta — sim, existem alguns casos registrados.

Ir ao campo com o novo pretendente também é uma ótima tática de avisar as @interessadas nele de que este aqui já tem dona. Sim, porque é bem provável que uma foto sua vá parar no Facebook do rapaz. Finalmente! E não se surpreenda se vier com a legenda "A flamenguista (ou *whatever*) mais linda do mundo". Pasme, mas acredite, ele está realmente sentindo isso. O estádio opera milagres. E se você estiver de gorro do time, talvez o gato te peça em casamento. Cuidado.

Se você não tem um parceiro fixo e anda meio... cabisbaixa, o campo pode ter aquele "efeito iluminado" prometido por algumas maquiagens. Calças stretch, brasão no peito, rímel e bora com as amigas ganhar uns assovios, olhares e, talvez, até um hot dog enviado pelo gatinho da fileira de cima. Não tenha medo, os torcedores do seu time não mordem. Aliás, eles viram perfeitos *gentlemen* à beira do campo.

Pode reparar que as repórteres esportivas que cobrem futebol são sempre lindas. Coincidência? Não! É que dentro de campo nós ganhamos uma aura única. E acredite, energia masculina concentrada é melhor do que sutiã push-up para levantar a moral. Fora isso, a felicidade não tem replay e é ali, queimando no sol ou gelando na chuva, que a gente entende algumas coisas sobre a vida. Até porque nada é mais libertador do que gritar: “Ei, juiz, vai tomar no cu!”.

## DESÇA DO SALTO E...

... Suba no balcão! Mas suba com fé: esse é o seu show!

Nada de cachorro, iPhone ou vibrador. O melhor amigo da mulher é o balcão. E não é para sentar e tomar uma cervejinha nem para olhar o movimento. Me refiro a estar em cima dele. Dançando! Afinal, amigo mesmo é aquele que joga sua moral lá em cima.

Toda mulher tem potencial para dar um show em cima do balcão. Às vezes, o que falta é um pouco de ioga e a tão reprimida e condenada (injustamente) ausência de vergonha na cara. Uma sacanagenzinha é sempre bem-vinda. Em cima do balcão, melhor!

E não precisa tirar a roupa, ser a Madonna ou estar de porre. Aliás, o balcão é mais recomendado para mulheres que ainda conseguem manter os olhos abertos, lembrar a senha do cartão e falar frases que não comecem com "Te considero pra caramba". Ou seja, suba no dito-cujo antes de entrar no modo "facinho".

Um pouco de força nas coxas, alguns amigos para ovacioná-la, uma pitada de Juliette Lewis e pronto! Sua performance está fadada ao sucesso! Se houver uma barrinha em que se apoiar, então... esse balcão nasceu pra você. Celebre a vida e a forma que Deus lhe deu e tenha o seu dia de Pequena Miss Sunshine!

E se o corpo não estiver ajudando? E a vergonha dos quilinhos a mais? Lembre-se de que o palco emagrece e, se até Carla Perez fica bonita quando vista de baixo, você não há de decepcionar. Sensualidade não vem nos minutos de esteira ou nas aulas de spinning.

E se alguém ousar te taxar de vulgar, fique tranquila: é pura inveja.

## NUNCA PAGOU PEITINHO?

É verdade que depois de apertar o Enviar bate uma ponta de arrependimento. Dependendo do nível alcoólico, o tal senso do ridículo só vem no dia seguinte. Mas sempre vem. Nessa hora é importante lembrar que a vida não é feita só de coisas fofas! Uma pitada de sacanagem é sempre bom. Então, quando o senso do ridículo chegar, deixe te atravessar e sair pelo outro lado. Inspire. Expire. E mentalize: foto do peitinho é bacana, sim!!! Para as mais tímidas vale começar com a nuca, com o decote avantajado ou pelas pernas. Depois você vai naturalmente passando para o sutiã novo, a marca do biquíni... E não importa se o remetente é seu marido, ficante ou futuro caso, o importante é ser de confiança. Se você ainda estiver em dúvida sobre o desenvolvimento da relação ou sobre o caráter do rapaz, use a velha e boa tática de cortar a cabeça! Esse recurso é bom também para diminuir a vergonha. É incrível como sem cabeça a coragem cresce! Outra coisa importante: esqueça a cozinha ou banheiro de baladas que sejam muito claras, luz amarelada e até uma tremidinha podem dar um charme à foto. E se quiser diversão pra valer, peça para uma amiga fazer os cliques. A turma terá assunto para a próxima semana e quem sabe para o próximo mês. E se ele não responder... é porque não te merece ou é certinho demais pra você.

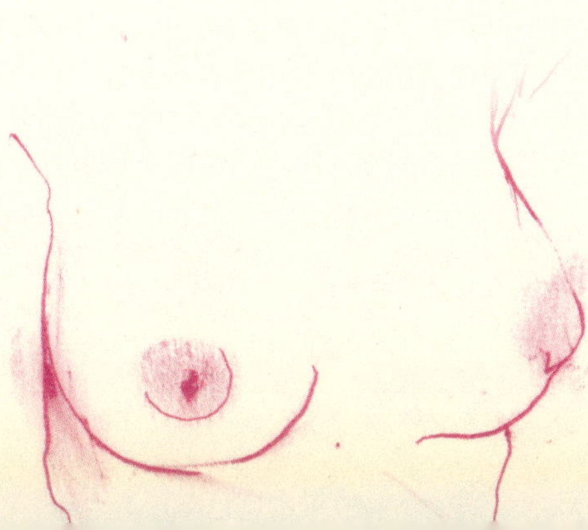

## DE CASO COM O SOFÁ

Lição número zero: não subestime o poder do seu sofá. Ele não é apenas quentinho e aconchegante: ele tem vista para cem canais dos mais variados tipos. Se seu corpo ainda não está preparado para sair, abolete-se nele sem medo. Mas, em caso de emergência, corte a TV a cabo!

1. Comece a mandar e-mails para todos os gatinhos. Um por semana. Prefira os solteiros! Peça um favor, mande uma foto antiga, conte uma história... (Lembre-se: você não quer um, quer vários. Depois organiza. A meta é flerte!!!).
2. Passe rímel para trabalhar.
3. Comece a enumerar novos nomes (corpos e afins). Diversificar é preciso! O ideal é ter três por vez.
4. Trabalhe com indicações! "Ficar" é um verbo difícil de conjugar depois dos trinta. Então, assunte com amigas, amigos e colegas sobre moços com o seu perfil.
5. Ah, sim: estabeleça um perfil. Homens com mais de 33 anos? Experiência em relacionamentos? Adepto de cerveja e drinques? Sexualmente ativo? Intelectualmente ativo? Não plantonista de hospital? Filhos: sim ou não?
6. Avise que você é uma mulher solteira!!! E se meta em programas dos quais você nunca participaria. Os caminhos do amor nem sempre são retos, éticos ou polidos. Seja corajosa!
7. Não tenha medo de voltar para o sofá! É provável que a cada bola fora você se encolha por alguns dias. Viva o dr. House!
8. Sair de casa é preciso! Não precisa ser balada nem um encontro marcado... Mas lembre-se dos filmes mela cueca: os caras sempre se esbarram na livraria, num café ou no cine. Então mexa-se!

9. Nada de compras pela internet! Vá às lojas, ao supermercado, à Fnac... Olhe sempre em volta e deixe a energia circular! (Sempre de rímel.)
10. Aliás: nunca saia de casa desarrumada! Vai que...
11. Se não tiver companhia, vá sozinha! A sós somos sempre mais corajosas, já que não tem ninguém pra julgar.
12. Chore! Chore no carro, no banho, correndo, no bar. Vinicius entendia de mulher e dizia: toda mulher deve ter alguma coisa de triste... Conclusão: não precisa estar feliz para sair de casa. Às vezes você fica feliz no meio do caminho. Se não rolar, seu sofá estará te esperando! Fiel e impassível.
13. E-mails, MSN, SMS e DMs são os melhores amigos da paquera. Tenha coragem e se jogue!!! Não tenha medo de paquerar. Eu gosto quando alguém faz por mim, então, por que não fazer pelos outros?!
14. Interiorize: cara de pau, coragem, sensualidade, criatividade e diversão. Quer que repita?
15. Cara de pau, coragem, sensualidade, criatividade e diversão!

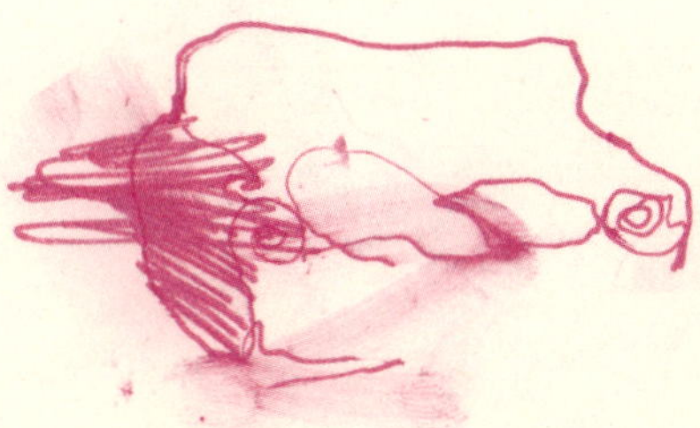

# SOLTA, SOLTEIRA, SOLTINHA

9

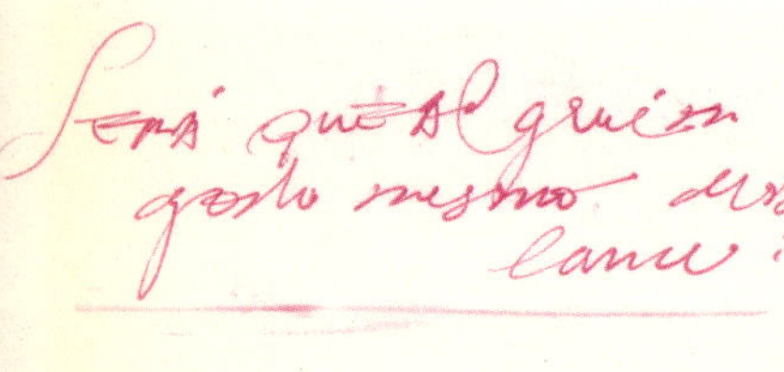


## STATUS: SOLTEIRA ATÉ QUE SE PROVE O CONTRÁRIO

# É ROMANCE?

Será que alguém gosta mesmo desse lance: eu comigo mesmo, sem amarras?? Estar sozinho só é bom pra poder procurar. Não? Nem falo de achar. Apenas romancear uma história ao som de uma música brega. Ver o futuro em segundos, rezar por um corpo que encaixe direitinho e esperar com ânsia pelo toque do celular. Esse momento pré-alguma-coisa é mágico, aquela hora em que o seu um se faz dois, independentemente de dar certo ou não. Sua cabeça já foi. O próximo ano logo ali, eu e você no cenário que eu sempre quis! Delícia! Romance não tem preço. Mesmo se for um daqueles melados e com poucas páginas. Enquanto não acaba é sempre lindo. Sei bem que história de amor, essas de livro de capa dura, com aquele cheiro de nosso e um enredo sem fim não são comuns. Mas o gostoso é achar que vamos ficar pra sempre com todas as pessoas que cruzam nossas vidas. Só pra esquentar as veias e derreter umas certezas.

O bom é achar que todo mundo é potencialmente lindo, interessante e o amor da vida. O negócio é tentar de verdade. E não adianta dar uma roçadinha e dizer: hum-hum, não serve. O checar é que é bom. O tentar é que é romance! Encontrar aquele detalhezinho que só essa pessoa tem e achar, mesmo que por poucas páginas, que era exatamente isso que você estava procurando...

E se doer? Sim, às vezes dói. Mas dói a dor do livro. Da história que está em suas mãos, te arrancando lágrimas, mas na real... é só um romance.

## PROCURA-SE UMA PRINCESA

Dizem por aí que a nova tendência masculina é querer namorar princesinhas. A velha e boa "mulher pra casar". Mulher pra casar? Tipo Amélia? Aquela que demoramos tanto para arrancar de nós? Quem são esses baitolas que estão procurando mulherzinha do século XIX em plena era Google? De onde eu venho, homem quer mulher safada, gostosa, esperta e fiel. Se souber fritar um ovinho, melhor, se não... tudo bem também.

Ô tendenciazinha mais estranha. Pensem comigo: quem consegue manter a pose de princesa em tempos de Facebook, gente? Bobeou e uma amiga posta uma foto sua linda e louca num boteco qualquer (num banheiro qualquer, em cima de um balcão qualquer). Onde será que esses pós-homens-alfa encontram essas ditas princesinhas? Eu gostaria muito de averiguar. Sim, porque uma coisa é dizer que é princesa, e outra é ter o carimbo da realeza de verdade!

Vamos combinar que não é porque algumas moças não têm um blog sexualmente ativo, não tomam iniciativa ou não falam a palavra pinto em público, que elas são princesas. Se ser princesa fosse isso, o palácio ficaria pequeno. Essa umazinha boa moça deve bem ser uma heterossexual passiva. Sabe como? Daquele tipo paradinha, insossa. Será que pra ser princesa não pode sair sem sutiã? Aí ferrou. (Não que eu queira me candidatar.)

Ou eu definitivamente não sei qual o recheio dessa versão pós-feminismo, ou essa tal princesinha é a coisa mais sem graça de nosso vasto cardápio. E o povo vem dizer que os homens estão à caça desse tipinho? Alô? *Anybody home, McFly*? Mulher que está sempre impecável, nunca caiu num casamento, não usa saia curta e não leva um bofe no papo... tá mentindo. Certeza.

# BOY MAGIA DE CU É ROLA

Homem estiloso, cheiroso, sensível, educado, que faz café pra você? Homem gentil, sincero, que não te enrola, responde às mensagens e te elogia? Homem que te come com vontade? Sim, pode agradecer o roteirista da sua vida, Deus ou aquele amigo que te apresentou o bofe. Pede em casamento, vai pra Caraíva, mas não chama o sujeito de "boy magia". Por favor! A não ser que ele seja aprendiz de David Copperfield, claro. O adjetivo é feio, americanizado e, o pior de tudo, tem uma aura de coisa rara, o que é um desserviço para a comunidade masculina. Sim, porque veja bem, se o cara é tudo aquilo que a gente acha que um cara deve ser, ele é... apenas um cara. Não?

Além do mais, desconfie sempre de perfeições, elas costumam vir recheadas de uma podridão escondida. Colocar o sujeito em um pedestal é pedir pra se decepcionar dois capítulos adiante! Deixemos os homens serem... homens. Namorados, casinhos e potenciais ex-maridos. É preciso que eles tenham alguma coisa de errado, algum jeito que não encaixa, uma malandragem. Mas e se ele for mesmo perfeito? (Medo.) Mas nesse caso, que tal deixar ele ser apenas perfeito? Sou do tempo em que boy era um moço de gel, mocassim e camisa polo com cavalinho, e magia era mais ou menos o que acontecia com a Monga. Boy + magia? Passo!

P.S.: Nunca ouviu essa expressão? Sorte a sua!

## CUIDADO. VOCÊ PODE SER ENGANADA PELA CAMISA XADREZ!

Nos idos dos anos 1990 era só olhar a camisa xadrez do sujeito para saber: é grunge! Escuta rock importado de Seattle e cercanias e tem aquela pegada azedinho-doce de Nirvana, Pearl Jam e Alice in Chains. Não cuida do cabelo nem corre três vezes por semana. Não gosta de Carnaval e muito menos de boi mecânico. Pronto, era meio caminho andado para sacar o indivíduo. Hoje, isso faz parte do passado. Foi-se o tempo em que a camisa xadrez facilitava a vida das mulheres (pra sim ou pra não, sem juízo de valor) e que, as estampas, de forma geral, ajudavam nas precisas primeiras impressões. Os fatalistas diriam: o xadrez é o novo jeans. Se for isso mesmo, as baladas estão prestes a parecer um circo, tamanha a quantidade de gente trajando tarja-sobre-tarja.

Hoje um ser "portando" camisa xadrez, calças jeans rasgadas e um cabelo desarrumado pode ter pagado mais de setecentos reais na camisa, comprado a calça já rasgada a preço de ouro e ficado trinta minutos desarrumando o cabelo na frente do espelho. E mais: ele pode estar a caminho do forró, da Villa Country, do show do Caetano Veloso, do concerto de violinos, prestes a se jogar no Ratos do Porão ou no boteco pé-sujo de sempre! Não sei se o Kurt Cobain estremece na cova, mas, que as mulheres têm mais trabalho para definir se aquele ser é ou não seu *target*, isso com certeza!

Nada contra a globalização das cores ou dos caras dando um tapa no layout. Pelo contrário! Mas que quando eles tinham apenas uma gaveta de roupas era mais fácil, isso, sim, era! Cinto com fivela definia o sertanejo, Rider (Crocs e pantufas afins) era para pais, camisa rasgada era sinal de roupa velha e o xadrez, ah... o xadrez resumia a rebeldia, o show de rock e pronto. E na festa junina podia usar tudo isso junto, claro!

# DESCOORDENADOS EMOCIONAIS

Tem gente que não consegue passar no exame psicotécnico, outros não têm condições de passar o próprio esmalte. Mas nada se assemelha à dificuldade de alguns de comunicar ao mundo o tipo de parceiro que estão procurando. Apelidei esses pobres coitados de "descoordenados emocionais".

Gente que tá louca pra roçar o pé e fazer juras de amor, mas só arruma traste com um pezinho no alcoolismo. Gente que não quer nada que se assemelhe a um namoro e só pega aquele feito pra casar. Pessoas que por algum motivo misterioso não conseguem emitir a mensagem que desejam e acabam atraindo justamente o que não querem. É um fenômeno cada vez mais comum. Um bug sentimental que poderia virar objeto de estudo. Afinal, por que algumas pessoas não conseguem transpirar o hormônio correto e atrair o que desejam? Por que alguns corpos insistem em se aproximar de um tipo de par que não serve pra si? Pesquisadores, uni-vos!

Verdade que namoro não é que nem sapato, que ou cabe ou não cabe e ponto. Há muito mais entre o cérebro e as partes íntimas do que reza nossa vã filosofia. Mas até nos relacionamentos existem alguns "tamanhos" que não funcionam — e o melhor é não insistir. Uns apertam demais, sufocam quem precisa de ar e liberdade e outros ficam frouxos, estão sempre escapando e nos fazendo tropeçar. Mas por que (POR QUÊ?) algumas pessoas não conseguem avisar o que querem ao mundo e receber de volta aquilo que vieram procurar? Sinceramente, dá vontade de brincar de ligar os pontos, dar uma ajudinha para esses descoordenados. "Não, amor, esse aí quer morar no interior e ter uma horta, não serve pra você. Tenta esse aqui que gosta de gim-tônica e passeio de madrugada" e vice-versa.

## IMPULSO, AINDA PULSA

Num mundo em que tudo e todos estão a um clique de... tudo e todos, ser impulsivo perdeu aquela conotação romântica, com cara de propaganda de sabonete. Foi-se o tempo em que entre você e seu ato impulsivo havia um ônibus, a floricultura com sua dona meticulosamente lenta, o cartão em branco, a campainha a ser tocada, uma cara a ser feita para quem abrisse a porta... Hoje você escreve qualquer palavra, qualquer sacanagem, qualquer informação sigilosa a qualquer hora e pronto, em segundos se implica numa coisa que, outrora, talvez, você tivesse desistido antes de completar o ato. Quem nunca escreveu uma carta e não entregou? Quem nunca comprou um presente ousado que acabou esquecido no fundo do guarda-roupa? O mundo wireless acabou com esse drama. Você toma duas doses de vodca com Red Bull, vai com seu celular para o banheiro e a sua impulsividade voa com rumo certo, mas sem muita certeza, antes mesmo de chegar a sua vez. Maldita DM.

Claro que às vezes o resultado é positivo para ambas as partes. Um empurrãozinho alcoolizado pode ajudar muita gente a fazer o que não faria, com quem não imaginaria, num lugar absolutamente fora de mão. Mas, de vez em quando, a vontade de correr atrás daquele sinal portador de palavras representantes de sentimentos que, no fundo (ou nem tão fundo), você não está sentindo é gigante. E quando é uma foto? Ui. Não adianta se arrepender. Depois de clicar Enviar, meu bem, você já virou refém da sua ânsia e de seus sentimentos rasos. Agora é esperar que a impulsividade alheia calhe com a sua... e que do outro lado haja alguém tão emocionado quanto você com alguma coisa que, de fato, não importa. Principalmente se já tiver passado da uma da manhã...

E se não houver resposta? E se houver um coração onde você só vê sexo? Ah... Isso é “Impulse”.

# O MEDO

Posso me apaixonar por você? Ou será que daqui a um ano você vai ser acometido por uma vontade incontrolável de ir para a Índia sozinho?

Posso me apaixonar por você? Ou será que você vai me contar, de um jeito cortante, que não teria filhos comigo?

Quebrar a cara faz parte, mas depois de um tempo... dá uma preguiça. Dá vontade de antever os pormenores, acelerar a história um tempinho, só pra saber (assim, de leve, como quem não quer nada) se vale a pena regar aquele friozinho na barriga que começa a brotar ali. Depois de alguns calos adquiridos se jogando na vida (sem medo), o medo começa a fazer parte. Tão inevitável como as rugas e os fios brancos. Mandou flores? Disse que ama? Xiii... A voz da sua avó se faz presente: "Quando a esmola é demais, o santo desconfia". E você começa a pensar que algo de podre deve, em breve, aparecer. Ou, pior, desaparecer. Como aquele ser doce que faz um sexo de arrepiar a espinha, manda flores e adora a ideia de ir junto com você para o Peru, mas, inexplicavelmente, vai dar um rolê ali em Springfield e... nunca mais volta, nunca mais responde uma mensagem ou passa para buscar o iPod que ficou no criado-mudo do lado de lá da cama. Medo.

Alguém avisa para essa turma que mensagens foram feitas para serem respondidas? Verdades foram feitas para serem ditas e juras (puts!), juras foram feitas para serem cumpridas? Todo e qualquer sujeito que desrespeite essas regras deve saber que está, consciente ou inconscientemente, matando uma mulher por aí. Ou, no mínimo, prejudicando um futuro amor que poderia ser lindo, poderia ser inteiro, mas não virou porque a moça traumatizada não conseguiu pagar pra ver.

# ACEITAM-SE PRETENDENTES

Os 29 anos são cruciais na vida de uma mulher. Mesmo as que só pensam em ter filhos aos 35 começam a ficar mais exigentes com relação aos futuros namorados. Aos 29 anos ninguém mais quer perder tempo, muito menos sofrer por quem não merece. Mas a maioria já está mesmo é pensando no candidato a príncipe. Leia-se: aquele com quem vamos juntar os livros e o iTunes, disputar os armários e rir dos outros. Se o disco do Pixinguinha vai virar motivo de discórdia na possível separação, não importa. Aos 29 quem não casou tá mesmo é a fim de achar um futuro marido — nem que seja pra separar depois de alguns anos e jurar que nunca mais cometerá esse erro. Umas querem casar de branco e jogar tudo fora pra ganhar uma casa nova. Outras têm paúra de festa e sonham em manter as casas separadas. Cada um no seu quadrado. Mas a verdade é que se existisse um questionário básico para pretendentes, tudo ficaria mais simples. Algo que ajude o acaso, o destino ou os astros a ligar os pontos. Nada contra romances curtos e baratos, poderíamos aplicar as questões apenas para aqueles que de cara mostrassem potencial para um relacionamento mais duradouro, que fosse ao menos de uma Copa do Mundo à outra.

Pois bem, cansou de bater cabeça por aí? Eu também. Recorte a ficha que mais lhe convém ou crie uma customizada com seu nome, sobrenome, CEP, manias e afins.

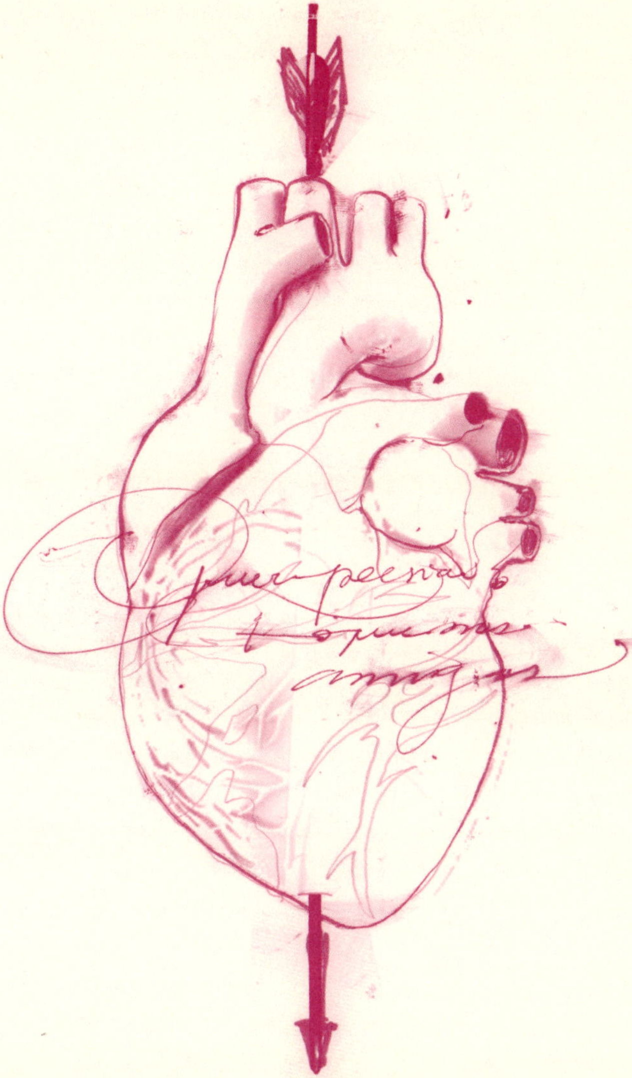

## FICHA PARA MOÇAS

NOVELA

( ) Sim

( ) Não

SAPATOS

( ) Sim

( ) Não

( ) Não revelo números

FUTEBOL

( ) Sim

( ) Não

( ) Nem fodendo

MISSA

( ) Sim

( ) Não

( ) Só de 7º dia

BICICLETA

( ) Sim

( ) Todo dia

( ) Às 6h da manhã

FILHOS

( ) Sim

( ) Louca pra ter

( ) Liguei as trompas

REDES SOCIAIS

( ) Sim

( ) Não

( ) Jamais

SEXO

( ) É fundamental

( ) Às vezes é bom

( ) O amor é mais importante

## FICHA PARA MOÇAS – SEGUNDA TEMPORADA

EU MUDEI

( ) Sim

( ) Não

( ) Tentando

TERAPIA

( ) Sim

( ) Não

( ) Quase

PERDÃO

( ) Sim

( ) Totalmente

( ) Parece que vai chover, né?

REDES SOCIAIS

( ) Sim

( ) Não

( ) Só a trabalho, juro

SAPATOS

( ) Parei

( ) Doei

( ) Fiz até promessa

# FICHA PARA RAPAZES

FUTEBOL

( ) Sim

( ) Não

( ) Domingo e quarta na TV e terça no campinho

NOVELA

( ) Sim

( ) Não

( ) Nem por dinheiro

FILHOS

( ) Sim

( ) Não

( ) Talvez

( ) 1 ou mais já vem no pacote

CANIVETE

( ) Sim

( ) Mais de 1

( ) Tenho, mas nunca usei

PORTA DOS FUNDOS

( ) Sim

( ) <3

( ) Porta de onde?

PENDÊNCIAS

( ) Uma ex

( ) Só casinhos bobos

( ) Tudo prescrito

FIDELIDADE

( ) Imprescindível

( ) Legal quando espontânea

( ) Dispensável

( ) Inadmissível

CIÚME

( ) Maior defeito do ser humano

( ) Frequente

( ) Incontrolável

## FICHA PARA RAPAZES – SEGUNDA TEMPORADA

EU MUDEI

( ) Sim

( ) Não

( ) Esse negócio de mudar é para os fracos

TERAPIA

( ) Sim

( ) Nem vem

AS OUTRAS

( ) Sim

( ) Não

( ) Abre a cabeça, amor

REDES SOCIAIS

( ) Sim

( ) Tratando

( ) Uso recreativo

( ) 100% recuperado

FILHOS

( ) Mudei de ideia

( ) Daqui a 1 ano

( ) Daqui a 2 anos ou mais

## Agradecimentos

Aos meus filhos, que me
mantêm sorrindo.

Ao Daniel, que acompanha,
vibra e empurra sem derrubar.

Às amigas e aos amigos, amados,
que revelam e remendam.

E a todos que, como meus pais,
irmãos e o Chico, nunca me
deixaram desistir do caminho
travesso de minhas próprias letras.

# Sobre a autora

Cara(o) leitora(o), depois de ser levada(o) por temas tão espinhosos com tamanha ternura, de cruzar infindáveis mancadas masculinas sem tropeçar em entulhos de ressentimento, de ouvir tanto sobre sexo sem escutar um gemido que descambasse pra vulgaridade, você pode ver brotar uma estranha suspeita: de que a autora não existe.

Talvez por isso a Lia Bahia Bock resolveu nos chamar, quatro amigos de diferentes momentos da vida: sob a desculpa de que precisava de uma apresentação, queria que déssemos um testemunho de sua realidade.

Pois bem, lá vai: a Lia existe. Nasceu em 1978, é mãe do Ernesto, casada com o Daniel, está grávida do Matias, trabalha na editora Trip e mora num aprazível sobrado numa rua tranquila da zona oeste de São Paulo. Como se não bastasse, a moça ainda é gata. E magra. E alta. E é melhor pararmos de levantar essa bola, sob o risco de reavivarmos as suspeitas de irrealidade.

Por ser verdade o acima referido, firmo e dou fé.

ANTONIO PRATA Colega de classe no terceiro colegial, amigo de fé, leitor camarada. Quer dizer, irmão camarada. Ou melhor, irmão e leitor. (E camarada).

FLAVIO MOURA Eu não sei vocês, mas eu já tive um lance com a Lia. A gente entrou no banheiro, subiu na pia e rolou um esquema muito intenso com o sabonete. Tenho fotos que comprovam. Foi na minha festa de 3 anos, em 1981.

GUSTAVO MAYRINK Na condição de “descoordenado sentimental”, segundo a própria autora, só me resta dizer que a Lia é uma ombudswoman daquelas. Tem até sofá na cozinha para oferecer aos desamparados um eterno *open bar* de cerveja, devaneios e chocolate dark.

PAULO WERNECK Só é possível filosofar em alemão, mas não existe sacanagem sem um pezinho na Bahia. De improváveis cruzamentos — Alemanha-Amaralina, o sexo e sua filosofia — veio a Lia, brava soteroalemoa, safada amiga querida!

A Editora Paralela é uma divisão da Editora Schwarcz S.A.

*Grafia atualizada segundo o Acordo Ortográfico da Língua Portuguesa de 1990, que entrou em vigor no Brasil em 2009.*

ILUSTRAÇÕES Zé Otavio
PROJETO GRÁFICO Mateus Valadares
PREPARAÇÃO Juliana Moreira
REVISÃO Marina Nogueira e Angela das Neves

Dados Internacionais de Catalogação na Publicação (CIP)
(Câmara Brasileira do Livro, SP, Brasil)

Bock, Lia
Manual do mimimi : do casinho ao casamento (ou vice-versa) / Lia Bock. — 1ª ed. — São Paulo : Paralela, 2013.

ISBN 978-85-65530-44-6

1. Crônicas brasileiras I. Título.

13-09437 CDD-869.93

Índice para catálogo sistemático:
1. Crônicas : Literatura brasileira 869.93

[2013]

EDITORA SCHWARCZ S.A.
Rua Bandeira Paulista, 702, cj. 32
04532-002 — São Paulo — SP
Telefone: (11) 3707-3500
Fax: (11) 3707-3501
www.editoraparalela.com.br
atendimentoaoleitor@editoraparalela.com.br

TIPOLOGIA Chronicle e National
PAPEL Pólen Bold
GRÁFICA RR Donnelley, setembro de 2013

FSC
www.fsc.org
MISTO
Papel produzido a partir de fontes responsáveis
FSC® C101537

A marca FSC® é a garantia de que a madeira utilizada na fabricação do papel deste livro provém de florestas que foram gerenciadas de maneira ambientalmente correta, socialmente justa e economicamente viável, além de outras fontes de origem controlada.